21वीं सदी के हिंदी साहित्य में चित्रित विविध विमर्श

डॉ. संतोष कांबले | पूनम शर्मा

क्रम-सूची

संपादकीय

प्रस्तुत संपादित पुस्तक '२१वीं सदी के हिंदी साहित्य में चित्रित विविध विमर्श' का प्रधान प्रयोजन हिंदी साहित्य जगत की विभिन्न विधाओं यथा उपन्यास, कहानी, नाटक तथा कविता आदि का आलोचनात्मक दृष्टि से विवेचनात्मक तथा विश्लेषणात्मक पक्ष को उद्‌घाटित करना है। अतः प्रस्तुत पुस्तक आप सभी सुधी पाठकों, आलोचकों, लेखकों, बुद्‌धिजीवियों, हिंदी प्रेमियों के समक्ष प्रस्तुत करते हुए अत्यंत हर्ष का अनुभव हो रहा है तथा स्वयं को गौरवान्वित महसूस करना स्वाभाविक ही है कि हमें यह सौभाग्य प्राप्त हुआ। संपादकीय कार्य के आरंभ में हम सर्वप्रथम उन महानुभव लेखकगण, आलोचकगण तथा लेखकीय सहयोग प्रदान करने वाले समस्त हिंदी प्रेमियों को सादर नमन प्रस्तुत करते हैं। साहित्य सामाजिक चेतना का प्रतीक है जिसके अंतर्गत समाज के प्रत्येक पक्ष पर विचार-विमर्श किया जाता है। साथ ही साथ समाज के विविध स्तर के शोषित पीड़ित, किसान, नारी, मजदूर, वृद्‌ध, आदिवासी समाज, दलित समाज तथा किन्नर समाज आदि की स्थिति को मुखरित किया जाता है। साहित्य समाज का विश्लेषण, विवेचन आदि की शोध समीक्षा एवं परिवर्तित चेतना का आधार है जिसके द्‌वारा वर्तमान समाज में साहित्यिक विधाओं के माध्यम से मानव समाज के संघर्ष की गहन संवेदना को प्रस्तुत किया जा रहा है चाहे वह विधा उपन्यास, नाटक, कहानी, कविता तथा आत्मकथा आदि कोई भी साहित्यिक विधा क्यों न हो। साहित्य सृजन का मूलाधार मानव है साहित्य के केंद्र में मानव है जिसकी परिधि में ही साहित्य सृजित होता है। वर्तमान जीवन परिवेश तथा उसके परिवर्तित रूप को भी साहित्य द्‌वारा अंकित किया जाता है। सजग साहित्यकार समकालीन परिस्थितियों, जनजीवन तथा अभिलाषा एवं आकांक्षाओं की स्थितियों आदि को यथा तथ्य प्रस्तुत करने की अदम्य क्षमता रखता है जिसके फलस्वरूप ही साहित्य को भी परिवर्तनीय माना जाता है। साहित्य सृजन का मुख्य उद्‌देश्य मानव कल्याण, मानवता का विकास तथा मानव हित को सहयोग प्रदान करना रहा है। वर्तमान काल में साहित्य की सृजनधारा तथा आलोचनात्मक दृष्टि दोनों ही अत्यंत सशक्त रूप धारण कर चुकी हैं। साहित्यकार के समान ही आलोचक भी अपनी तीक्ष्ण दृष्टि के साथ समृद्‌धि पथ पर अग्रसर है जिसके फलस्वरूप ही साहित्य के समाजशास्त्रीय आलोचना में परिवार की विविध स्थितियों का व्यापक विवेचन, विश्लेषण प्रस्तुत

किया जा रहा है भले ही वह दाम्पत्य जीवन के अंतर्गत पति-पत्नी के तनाव, संत्रास, घुटन, उत्पीड़न अथवा शोषण जैसे तथ्य ही क्यों न हो। आधुनिक जीवन शैली में हम देखते हैं कि समाज के अंतर्गत एकल परिवार की संख्या में दिन-प्रतिदिन वृद्धि हो रही है जिसके कारण सामाजिक आदर्श, सामाजिक मूल्य, सामाजिक विश्वास तथा सामाजिक जीवन स्तर में तीव्रता से परिवर्तन हुए तथा अनेक प्रकार की समस्याओं की उत्पत्ति हुई जैसे वृद्ध समस्या, बाल समस्या, रोजगार व भरण-पोषण की समस्या, पारिवारिक विघटन की समस्या, स्त्री-पुरूष संबंधों पर आधारित समस्याएँ जैसे शोषण, तनाव, कुंठा एवं संत्रास आदि। वर्तमान काल में हम यह देख रहें हैं कि रिश्ते व संबंध आदर्शवाद से यथार्थवाद में परिवर्तित हो रहें हैं। इस प्रकार साहित्य में चित्रित विघटन पर जब दृष्टि रख विचार किया जाता है तब हम स्वयं को संस्कृति व संस्कार से कहीं दूर पाते हैं। डॉ. नगेंद्र ने इस विषय को ध्यान में रखते हुए कहा है कि "विघटन जीवन की विकृति है, प्रकृति नहीं।" पारिवारिक विघटन का चित्रण समकालीन साहित्य में अधिकांशतः दृष्टव्य होता है जिसके फलस्वरूप अनेक विमर्श आज के समय में विशेष रूप से बुद्धिजीवी वर्ग का ध्यान अपनी ओंर आकर्षित करते हैं जैसे- वृद्ध विमर्श, नारी विमर्श, बाल विमर्श, किन्नर विमर्श इत्यादि। जहाँ पारिवारिक विघटन का प्रारंभ होता है वहाँ समाज कदापि इससे अछूता नहीं रह सकता जिससे अनेक सामाजिक तत्त्व व तथ्य साहित्यकार का ध्यान उक्त विषयों की ओंर आकर्षित करता है जैसे- प्रवासी विमर्श, मीड़िया विमर्श, पर्यावरण विमर्श, अल्पसंख्यक विमर्श, दलित विमर्श, कृषक विमर्श, आदिवासी विमर्श इत्यादि। इस प्रकार वर्तमान परिस्थितियों को ध्यान में रखते हुए देश, समाज एवं परिवार से संबंधित अनेक विषयों ने साहित्य सृजन हेतु साहित्यकार एवं बुद्धिजीवी वर्ग को इन तथ्यों के परिप्रेक्ष्य में अपनी सशक्त लेखनी के प्रयोग हेतु आकर्षित किया है तथा इन विषयों पर आधारित समस्याओं को समझने व उनके समाधान हेतु विचार करने को विवश किया है। मानव के सुख-दुख, हर्ष-विषाद उसकी आशा आकांक्षाओं आदि की अभिव्यक्ति साहित्य के अंतर्गत होती है। अतः स्पष्ट है कि ये अनुभूतियाँ जीवन की परिस्थितियों की प्रतिक्रियाएँ हैं। इस विषय में हार्वड फास्ट का मत विचारणीय है कि- "न तो जीवन से पृथक साहित्य का अस्तित्व है और न जनता से पृथक साहित्यकार का।" अंत में समस्त हिंदी प्रेमियों के प्रति कृतज्ञता का भाव रखते हुए हम हृदय तल से सभी का आभार प्रकट करते हैं। क्योंकि महान विचारक विलियम आर्थर वार्ड ने भी कहा है कि- "कृतज्ञता महसूस करना और इसे व्यक्त न करना ठीक ऐसे ही है, जैसे एक उपहार को ढके रखना

और इसे न देना ।" अतः सभी को हमारा हार्दिक आभार एवं नमन । संपादकद्वय
डॉ. संतोष कांबले, पूनम शर्मा

प्रस्तुत संपादित पुस्तक '२१वींसदीकेहिंदीसाहित्य मेंचित्रितविविधविमर्श' का प्रधान प्रयोजन हिंदी साहित्य जगत की विभिन्न विधाओं यथा उपन्यास, कहानी, नाटक तथा कविता आदि का आलोचनात्मक दृष्टि से विवेचनात्मक तथा विश्लेषणात्मक पक्ष को उद्घाटित करना है । अतः प्रस्तुत पुस्तक आप सभी सुधी पाठकों, आलोचकों, लेखकों, बुद्धिजीवियों, हिंदी प्रेमियों के समक्ष प्रस्तुत करते हुए अत्यंत हर्ष का अनुभव हो रहा है तथा स्वयं को गौरवान्वित महसूस करना स्वाभाविक ही है कि हमें यह सौभाग्य प्राप्त हुआ ।

संपादकीय कार्य के आरंभ में हम सर्वप्रथम उन महानुभव लेखकगण, आलोचकगण तथा लेखकीय सहयोग प्रदान करने वाले समस्त हिंदी प्रेमियों को सादर नमन प्रस्तुत करते हैं ।

साहित्य सामाजिक चेतना का प्रतीक है जिसके अंतर्गत समाज के प्रत्येक पक्ष पर विचार-विमर्श किया जाता है । साथ ही साथ समाज के विविध स्तर के शोषित पीड़ित, किसान, नारी, मजदूर, वृद्ध, आदिवासी समाज, दलित समाज तथा किन्नर समाज आदि की स्थिति को मुखरित किया जाता है । साहित्य समाज का विश्लेषण, विवेचन आदि की शोध समीक्षा एवं परिवर्तित चेतना का आधार है जिसके द्वारा वर्तमान समाज में साहित्यिक विधाओं के माध्यम से मानव समाज के संघर्ष की गहन संवेदना को प्रस्तुत किया जा रहा है चाहे वह विधा उपन्यास, नाटक, कहानी, कविता तथा आत्मकथा आदि कोई भी साहित्यिक विधा क्यों न हो ।

साहित्य सृजन का मूलाधार मानव है साहित्य के केंद्र में मानव है जिसकी परिधि में ही साहित्य सृजित होता है । वर्तमान जीवन परिवेश तथा उसके परिवर्तित रूप को भी साहित्य द्वारा अंकित किया जाता है । सजग साहित्यकार समकालीन परिस्थितियों, जनजीवन तथा अभिलाषा एवं आकांक्षाओं की स्थितियों आदि को यथा तथ्य प्रस्तुत करने की अदम्य क्षमता रखता है जिसके फलस्वरूप ही साहित्य को भी परिवर्तनीय माना जाता है ।

साहित्य सृजन का मुख्य उद्देश्य मानव कल्याण, मानवता का विकास तथा मानव हित को सहयोग प्रदान करना रहा है । वर्तमान काल में साहित्य की सृजनधारा तथा आलोचनात्मक दृष्टि दोनों ही अत्यंत सशक्त रूप धारण कर चुकी हैं । साहित्यकार के समान ही आलोचक भी अपनी तीक्ष्ण दृष्टि के साथ समृद्धि पथ पर अग्रसर है जिसके फलस्वरूप ही साहित्य के समाजशास्त्रीय

आलोचना में परिवार की विविध स्थितियों का व्यापक विवेचन, विश्लेषण प्रस्तुत किया जा रहा है भले ही वह दाम्पत्य जीवन के अंतर्गत पति-पत्नी के तनाव, संत्रास, घुटन, उत्पीड़न अथवा शोषण जैसे तथ्य ही क्यों न हो। आधुनिक जीवन शैली में हम देखते हैं कि समाज के अंतर्गत एकल परिवार की संख्या में दिन-प्रतिदिन वृद्धि हो रही है जिसके कारण सामाजिक आदर्श, सामाजिक मूल्य, सामाजिक विश्वास तथा सामाजिक जीवन स्तर में तीव्रता से परिवर्तन हुए तथा अनेक प्रकार की समस्याओं की उत्पत्ति हुई जैसे वृद्ध समस्या, बाल समस्या, रोजगार व भरण-पोषण की समस्या, पारिवारिक विघटन की समस्या, स्त्री-पुरूष संबंधों पर आधारित समस्याएँ जैसे शोषण, तनाव, कुंठा एवं संत्रास आदि।

वर्तमान काल में हम यह देख रहें हैं कि रिश्ते व संबंध आदर्शवाद से यथार्थवाद में परिवर्तित हो रहें हैं। इस प्रकार साहित्य में चित्रित विघटन पर जब दृष्टि रख विचार किया जाता है तब हम स्वयं को संस्कृति व संस्कार से कहीं दूर पाते हैं। डॉ. नगेंद्र ने इस विषय को ध्यान में रखते हुए कहा है कि "विघटन जीवन की विकृति है, प्रकृति नहीं।" पारिवारिक विघटन का चित्रण समकालीन साहित्य में अधिकांशतः दृष्टव्य होता है जिसके फलस्वरूप अनेक विमर्श आज के समय में विशेष रूप से बुद्धिजीवी वर्ग का ध्यान अपनी ओंर आकर्षित करते हैं जैसे- वृद्ध विमर्श, नारी विमर्श, बाल विमर्श, किन्नर विमर्श इत्यादि। जहाँ पारिवारिक विघटन का प्रारंभ होता है वहाँ समाज कदापि इससे अछूता नहीं रह सकता जिससे अनेक सामाजिक तत्त्व व तथ्य साहित्यकार का ध्यान उक्त विषयों की ओंर आकर्षित करते हैं जैसे- प्रवासी विमर्श, मीड़िया विमर्श, पर्यावरण विमर्श, अल्पसंख्यक विमर्श, दलित विमर्श, कृषक विमर्श, आदिवासी विमर्श इत्यादि। इस प्रकार वर्तमान परिस्थितियों को ध्यान में रखते हुए देश, समाज एवं परिवार से संबंधित अनेक विषयों ने साहित्य सृजन हेतु साहित्यकार एवं बुद्धिजीवी वर्ग को इन तथ्यों के परिप्रेक्ष्य में अपनी सशक्त लेखनी के प्रयोग हेतु आकर्षित किया है तथा इन विषयों पर आधारित समस्याओं को समझने व उनके समाधान हेतु विचार करने को विवश किया है।

मानव के सुख-दुख, हर्ष-विषाद उसकी आशा आकांक्षाओं आदि की अभिव्यक्ति साहित्य के अंतर्गत होती है। अतः स्पष्ट है कि ये अनुभूतियाँ जीवन की परिस्थितियों की प्रतिक्रियाएँ हैं। इस विषय में हार्वड फास्ट का मत विचारणीय है कि- "न तो जीवन से पृथक साहित्य का अस्तित्व है और न जनता से पृथक साहित्यकार का।" अंत में समस्त हिंदी प्रेमियों के प्रति कृतज्ञता का भाव रखते हुए हम हृदय तल से सभी का आभार प्रकट करते हैं। क्योंकि महान विचारक

विलियम आर्थर वार्ड ने भी कहा है कि- "कृतज्ञता महसूस करना और इसे व्यक्त न करना ठीक ऐसे ही है, जैसे एक उपहार को ढके रखना और इसे न देना।" अतः सभी को हमारा हार्दिक आभार एवं नमन।

संपादकद्वय

डॉ. संतोष कांबले, पूनम शर्मा

1

21वीं सदी के हिन्दी उपन्यासों में वृद्ध-विमर्श

मिर्जा मासुमे फातिमा

वर्तमन समाज भले ही आधुनिकता के पथ पर बढ़ता जा रहा है, परंतु उसकी जड़ें आज भी अपनी प्राचीन सभ्यता और संस्कृति के आयामों में गडी हुई हैं। हमारे पूर्वज इसी सभ्यता और संस्कृति की संपत्ति माने जा सकते हैं। जो हमारे लिए न केवल पूजनीय हैं बल्कि सम्माननीय भी हैं। आज वृद्धों के प्रति नई पीढ़ी के लोगों का दृष्टिकोण इतना दुष्कर हो गया कि उन्हें कोई विशेष सम्मान नहीं दिया जा रहा है। जब-तक वर्तमान समाज को ऐसी स्थिति से मुक्ति नहीं दिलाई जाती तब-तक इस समाज का भविष्य अंधकारमय ही रहेगा। अतः समसामयिक समाज के प्रत्येक सदस्य को यही प्रयास करना चाहिए कि इसमें रहने वाले वयस्क, बुजुर्ग, वृध्दों के प्रति सद्भाव, आदर और सम्मान की भावनाओं का विकास हो सकें। यदि वे लोग स्वावलंबी न हो तब भी उनकी सेवा करके उन्हें संतुष्ठि पहुँचाने से हमें जो संतोष प्राप्त होगा वह अनिर्वचनीय माना जा सकता है, परंतु दुर्भाग्य की बात यह है कि वर्तमान पीढ़ी के लोगों में ये भावनाएँ कहीं दिखाई नहीं दे रही हैं।

साहित्यकार, विशेष रूप से कथाकार यह प्रयास करता है कि वर्तमान पीढ़ी के लोगों को वृद्धों के प्रति आदर एवं सद्भाव विकसित करने के लिए प्रेरित एवं प्रोत्साहित ही नहीं बल्कि बाध्य भी कर सकें। समसामयिक अर्थात आधुनिक हिन्दी उपन्यासकारों ने यह प्रयास प्रभावपूर्ण ढंग से किया हैं। इस सन्दर्भ में

डॉ. एस. कृष्णबाबु का यह कथन विशेष उल्लेखनीय है, “वस्तु चेतना की दृष्टि से आधुनिक हिन्दी उपन्यास साहित्य अत्यंत समृध्द ही नहीं बल्कि वैविध्यपूर्ण भी माना जा सकता है । इसकी वस्तु चेतना समसामयिक जीवन और जगत के अनेकानेक पहलुओं को स्पर्श करती हुई मानव व्यक्तित्व को संवारने, सुधारने का पूरा सामर्थ्य रखती है इसका सारा प्रतिपाद्य व्यक्ति और समाज की विविध समस्याओं से जूझते हुए उनके लिए प्रभावी समाधान प्रस्तुत करने में भी पूर्ण रूपेण सफल हुआ । पाश्चात्य विचारधारा से अभिप्रेरित होकर इनमें नारी विमर्श, दलित विमर्श, आदिवासी विमर्श, वृध्द विमर्श, मीडिया विमर्श, किन्नर विमर्श, पर्यावरण विमर्श जैसे अनेकानेक विमर्श उभरकर आये परंतु इनसे संबंधित हिन्दी उपन्यासकार पाश्चात्य से भी आगे बढ़कर अत्यंत प्रतिभा संपन्न वस्तु सामग्री प्रस्तुत कर पाये ।”[1] इन विविध विमर्शों में वृद्ध विमर्श का स्थान उल्लेखनीय है क्योंकि इस देश में वृद्धों अथवा पारिवारिक क्षेत्र के बुजुर्गों की स्थिति संसार के अन्य देशों के वृद्धों की स्थिति से कुछ भिन्न है । इसी स्थिति के चित्रण में वर्तमान हिन्दी उपन्यासों की वस्तु चेतना पर्याप्त सफल हुई है । उदाहरण स्वरूप कुछ चयनित उपन्यासों के प्रसंगों का विवेचन निम्नाखित पंक्तियों में देखा जा सकता है ।

बच्चों के उज्ज्वल भविष्य के लिए जो माता-पिता अपने संतानों को उच्च शिक्षा प्रदान करवाते हैं । परंतु नई पीढ़ी शिक्षा प्राप्त करने के पश्चात बेहतर केरियर अथवा अधिक वेतन या सुविधाओं की महत्वाकांक्षाओं में अपने माता-पिता को त्यागकर विदेशों की ओंर दौड़ लगाते हैं । बेचारे मता-पिता घर में अकेले उनकी राह देखते रह जाते हैं । ऐसी ही स्थिति का वर्णन ममता काया कृत ‘दौड़’ नामक लघु उपन्यास में देखा जा सकता है । इस उपन्यास में लेखिका कहती हैं “अनिवासी और प्रवासी केवल पर्यटक और पंछी नहीं होते, बच्चे भी होते हैं । वे दौड़-दौड़ कर दर्जी के यहाँ से अपने नए सिले कपडे लाते हैं, सूटकेस में अपना सामान और कागजात जमाते हैं, मनी बेल्ट में अपना पासपोर्ट, वीसा और चंद डालर रख, रवाना हो जाते हैं, अनजान देश-प्रदेश के सफर पर, माता पिता को सिर्फ स्टेशन पर हाथ हिलाते छोडकर ।”[2]

इसी उपन्यास का एक और प्रसंग इस प्रकार है । राकेश और रेखा का बडा बेटा पवन एम.बी.ए. कर राजकोट की मल्टीनेशनल कंपनी में भर्ती हो जाता है और उस शहर की रंगीन दुनिया में स्टेला के साथ सहजीवन बिताने लगता है । जब उसकी माँ राजकोट आती है तो वह उसे स्टेला का परिचय देते हुए कहता है “माँ स्टेला मेरी बिजिनेस पार्टनर, लाइफ पार्टनर, रूम पार्टनर तीनों है।”[3] इस पर उसकी

माँ कहती है “मैंने तो ऐसी कोई लड़की नहीं देखी जो शादी से पहले ही पति के घर में रहने लगे ।’, पवन कहता है ‘तुमने देखा क्या है माँ? इलाहाबाद से निकलोगी तो देखोगी न ।”[4] यह सुन रेखा को बड़ा अघात पहुँचता है । उनका दूसरा बेटा सघन अपने पिता राकेश से खुद का व्यापर शुरू करने के लिए ४० लाख रुपये माँगता है । पिता उसे उतना पैसा नहीं दे पाते हैं तो वह उनसे कहता है “आपने इतने बरसों में क्या किया? दोनों बच्चों का खर्च आपके सिर से उठ गया । घूमने आप जाते नहीं, पिक्चर आप देखते नहीं; दारु आप पीते नहीं, फिर आपके पैसों का क्या हुआ?”[5] बेटे की बातों से राकेश को बड़ी ठोस पहुँचती है । कुछ दिनों बाद वह भी कंप्यूटर कैरियर में व्यस्त हो कर उनसे दूर चला जाता है । इस संदर्भ का वर्णन करते हुए लेखिका ममता काया कहती हैं- “बुढापे के दो-दो सहारे, पर बुजुर्ग दंपति अकेले मायूस साँय-साँय करते घर में फोन, कम्प्यूटर और ई-मेल के बीच उलझे । यही है आज के जीवन की वास्तविकता ।”[6] उपर्युक्त कथनों से स्पष्ट होता है कि नई सदी की युवा पीढ़ी अर्थ केंद्रित दृष्टिकोण से कैसे मतलबी बनती जा रही हैं उनके लिए पारीवारिक संबंधों का कोई महत्व ही नहीं रह गया । उनको पाल-पोसकर बड़े करने वाले बुज़ुर्ग माता-पिता के प्रति उनके हृदय में कोई सम्मान अथवा सद्भावना ही नहीं रह गई है ।

नई सदी की युवा पीढ़ी के लोग अपने परिवार के बुज़ुर्गों अर्थात वृद्धों की उपेक्षा कर अपने स्वार्थ की सिध्दि हेतु उनका अनादर कर रहे हैं । वे उनकी जिम्मेदारी लेने के लिए भी तैयार नहीं होते । युवा पीढ़ी के लोग उन्हे बोझ मानते हैं । गाँवों की तुलना में महानगरों के अंतर्गत यह स्थिति अधिक देखने को मिलती है । प्रतियोगिता और आजीविका की दौड़ में लगे इनके पास अपने माता-पिता के साथ समय व्यतीत करने के लिए कुछ क्षण नहीं होते । ऐसी अवस्था में अपने अकेलेपन को दूर करने के लिए जब ये लोग मित्रता का सहारा लेते हैं तो वह भी युवा पीढ़ी से स्वीकार्य नहीं होता । ऐसी ही एक दुखद स्थिति का वर्णन कृष्णा सोबती कृत ‘समय सरगम’ उपन्यास में दमयंती पात्र के माध्यम से देखने को मिलता है । दमयंती जब अपने मित्र ईशान और अरण्या के साथ ड्राइंग रूम में चाय पी रही होती है तभी उसका बेटा अपने मेहमानों के साथ दफ्तर से आता है और अपनी माँ से कहता है “ममा, इन्हें आप अपने कमरे में ले जायिए । हमें कुछ जरूरी बात-चीत करनी हैं ।”[7] ये आज की पीढ़ी की संकुचित सोच का प्रतिबिंब है । क्या वर्तमान समाज में घर के बुजुर्गों को ड्राइंग रूम में सब के साथ स्वेच्छा से बैठने की भी स्वतंत्रता नहीं?

वर्तमान युवा पीढ़ी और वृध्दों का ताल-मेल नहीं हो पा रहा है । असहाय बूढ़े लोग अपने नौकरों के सहारे ही अपना जीवन व्यतीत करने के लिए विवश हो रहे हैं । अपने बच्चों से भी उन्हें अपने नौकरों पर अधिक विश्वास करना पड़ता है । इस संदर्भ में कृष्णा सोबती कृत 'समय सरगम' उपन्यास की दमयंती का यह कथन द्रष्टव्य है "अरण्या मैं बहुत दुखी हूँ । पीछे आश्रम गई तो माधो को धमका रहे । बताओ ममा लाकर की चाबी कहाँ रखती हैं । मैं अपने बच्चों से वैर-विरोध क्यों करूँगी ! उनका भी कोई फ़र्ज बनता है । मैंने कुछ खाया पीया कि नहीं- बीमार हूँ- दवा लानी है, टेस्ट करवाना है-डॉक्टर के पास जाना है-वह सब मैं अपने आप ही करूँ ! भला हो इस माधो का, इसी के बल पर चल रही हूँ । ... बच्चों के ऐसे हरकतों से मेरा धीरज खत्म हो रहा है । फ्लैट के कागज माँग रहा है बेटा । डॉक्टर के गई थी तो पीछे से बहु ने मेरे दीवान को उठवा अपने कमरे में रखाया । कहा उसे पसंद है ।"[8]

वर्तमान युवा पीढ़ी की महत्वाकांक्षाएँ इतनी बढ़ गई हैं कि वह उसकी पूर्ति के लिए किसी भी हद तक जाने से पीछे नहीं हटते । कृष्णा सोबती कृत 'समय सरगम' उपन्यास में कामिनी के भाई-भाभी भी उसके अकेलेपन और बिमारी का फायदा उठाकर उसे मारना चहते हैं ताकि उसकी मृत्यु के बाद वे लोग उसकी जायदाद के हकदार बन सकें ।

ममता कालिया कृत 'दौड़' उपन्यास में सिध्दार्थ को जब अपने पिता की मृत्यु का पता चलता है तो वह कहता है "अंकल आप बाड़ी को मुरदाघर पहुचा दीजिए।"[9] और वह अपनी माँ से कहता है "लोग बता रहे हैं कि मेरे आने तक डैडी को रखा नहीं जा सकता । आप ऐसा कीजिए, इस काम के लिए किसी को बेटा बनाकर दाह-संस्कार करवाइए । मेरे लिए तेरह दिन रुकना मुश्किल होगा । आप सब काम पूरा करवा लीजिए ।"[10] सिध्दार्थ के इस प्रसंग से हमें पता चलता है कि आज की युवा पीढ़ी किस तरह आधुनिकता की दौड़ में अपने आदर्शों और संस्कारों का गला घोट रही है । अंत में कालोनी के सब लोग मिलकर मि. सोनी का अंतिम संस्कार कर देते हैं । वृद्धों की ऐसी दयनीय स्थिति का वर्णन हमें चित्रा मुद्गल कृत 'गिलिगडु'(२००२), निर्मल वर्मा कृत 'अंतिम अरण्य'(२००४), रमेश चंद्र कृत 'सफेद परदे पर'(२००८) काशीनाथ सिंह कृत 'रेहन पर रग्घू'(२००८), रवींद्र वर्मा कृत 'आखरी मंजिल'(२००८), हृदयेश कृत 'चार दरवेश'(२०११) आदि उपन्यासों में देखने को मिलती हैं ।

भूमंडलीकरण की इस भाग-दौड़ में माता-पिता बच्चों को उज्ज्वल भविष्य देकर खुद असुरक्षा का शिकार हो रहे हैं, परंतु उनके बच्चों को लग रहा है कि वे

माता-पिता उनकी राह के काँटे बन रहे हैं। वर्तमान युवा लोग इस यथार्थ को क्यों भूल जाते हैं कि जो व्यवहार आज वे लोग अपने माता-पिता के साथ कर रहे हैं, वहीं आगे अगामी पीढ़ी उनके साथ भी कर सकती हैं। क्योंकि भविष्य हमेशा इतिहास को दोहराता है। वर्तमान युवा पीढ़ी, युवा ही नहीं रह जाती उसे भी बुढ़ापे की दहलीज पर पैर रखना पड़ेगा। इस सोच से बाहर निकलने के लिए युवा पीढ़ी को अपने व्यक्तित्व में उच्च मूल्यों का विकास करना होगा। वृद्‌ध लोग कभी भी घर या व्यापार पर अपना अधिकार जमाना नहीं चाहते हैं। वे युवा पीढ़ी से मात्र यही आकांक्षा रखते हैं कि उनसे प्रेम और अपनापन मिले न कि उन्हें बेकार वस्तु की भाँति घर के किसी कोने में रख दें। वृद्‌धजन अनुभवों के खजाने होते हैं। अगर हम उनके अनुभवों का लाभ उठायेंगे तो अपने जीवन को सार्थक बनाने के साथ-साथ भविष्य को भी प्रशस्त कर सकते हैं। यह स्थिति तभी सुधर पायेगी जब आधुनिकता के पीछे भागने वाली युवा पीढी परंपरा और आधुनिकता के बीच सामंजस्य स्थापित करते हुये जीवन व्यतीत करें। उसे चाहिए कि वह कितने ही उच्च स्तर पर भले ही पहुँच जाए फिर भी अपने परिवार के बुजुर्गों को महत्व दे, उनकी आदतों की परवाह करते हुए उन्हें विशेष सम्मान देते रहें।

मनुष्य चाहें कितनी ही ऊंचाइयों पर पहुँच जायें, परन्तु उसे जन्म देकर तथा पाल-पोस कर शिक्षा-दिक्षा दिलाते हुए बड़ा करने वाले माता-पिता के प्रति सदैव सम्मान की भावना रहनी चाहिए। लेकिन वर्तमान युग की युवा पीढ़ी में ऐसी मानसिकता का अभाव दिखाई दे रहा है। इस अभाव को दूर करने केलिये सृजनशील कथाकार ऐसे पात्रों का सृजन कर सकते हैं जो सफलता की बुलंदियाँ छूकर भी अपने अभिभावकों को और उनकी आदतों को सम्मान देते हुए उनका आदार करें। आधुनिक युग के लोकप्रिय उपन्यासकार सुरेन्द्र वर्मा कृत 'मुझे चाँद चाहिए' उपन्यास की नायिका वर्षा वाशिष्ट का चरित्र इस सन्दर्भ में विशेष उल्लेखनीय है। 'मुझे चाँद चहिए' की नायिका वर्षा वाशिष्ट ने शिक्षा और ज्ञान प्राप्ति के साथ अपने व्यक्तित्व में आधुनिकता और समसामयिकता के अनेकानेक संस्कारों को आत्मसात कराया था। फिर भी जब हमें पता चलता है कि वह अपने दद्‌दा के प्रति उनके विरोध के बावजूद आदर, श्रद्‌धा और गौरव के भाव प्रकट करती रहती है तो अत्यंत आश्चर्य हो उत्पन्न होता है। ऐश्वर्य और कला के क्षेत्र में सर्वोच्च शिखर पर पहुँचने के पश्चात भी जब उसे (वर्षा वाशिष्ट को) सूचना मिलती है कि उसके दद्‌दा उसके यहाँ थोडे दिनों के लिए रहने आ रहे हैं तो वह अपने घर के सभी सदस्यों को निर्देश देती है जिन्हें पढ़कर कोई भी पाठक चकित रह जाता है।"[11] वह झल्ली से कहती है "झल्ली, यहाँ से पांडेय जी को

फोन करो । कहना, थोडे-से गंगाजल का प्रबंध कर दें । फिर दद्दा के सामने अपनी रसोई शुद्ध कर लो । थोड़े- से बर्तन दद्दा के लिए अलग निकाल लो । उनका खाना दोनों जुन तुम और हेमलता बनाना । सुबह-शाम मुझे समय मिलेगा तो मैं हाथ बटाऊंगी । ... हाँ फ्रिज से अंडे और डीप फ्रीजर से मटन चिकेन निकालकर चौकीदारों को दे दो । हम लोग भी अब प्याज-लहसुन नहीं खायेंगे ।"[12]

निष्कर्षत: कहा जा सकता है कि समसामयिक हिन्दी उपन्यासों में अनेक ऐसे प्रसंग प्राप्त होते हैं, जिनमें संबंधित कथाकारों ने वर्तमान समाज के विविध युवा सदस्यों को पुरानी पीढ़ी के बुजुर्गों के प्रति सम्मान की भावना विकसित करने की दिशा में प्रेरित एवं प्रोत्साहित ही नहीं बाध्य भी किया हैं । पेड़ एक विशेष अवस्था तक मनुष्यों को फल देते हैं । इन्हें खाकर वह अपना पेट भरता है । वह मनुष्य यदि युवा पीढी का प्रतिनिधित्व करता है तो वे पेड वृद्धों के प्रतीक माने जाते हैं । एक विशेष अवस्था पार करने के पश्चात पेड़ फल तो नहीं दे सकते परंतु समाज के विविध सदस्यों को छाया अवश्य देते हैं । किसी भी समाज के वृद्धजन इन्हीं छायादार वृक्षों के समान है जो अपनी छाया में बैंठे हुए युवावर्ग के लोगों को अच्छे संस्कार प्रदान कर सकते हैं । इसी तथ्य को उजागर करने वाले समसामयिक हिन्दी उपन्यासों का पठन-पाठन ही नहीं परंतु प्रचलन भी अत्यंत लाभदायक माना जा सकता है ।

संदर्भग्रंथसूची

१. डॉ. एस. कृष्ण बाबु : साहित्यिक अवधारणाएँ : सामयिक संदर्भ अमन प्रकाशन, कानपुर, प्रथम संस्करण-२०२०,

२. ममता काया : दौड़, वाणी प्रकाशन, नई दिल्ली, प्रथम संस्करण-२०००,

३. कृष्णासोबती : समय सरगम, राजकमल प्रकाशन, नई दिल्ली,पहला संस्करण-२००८,

४. सुरेंद्र वर्मा : मुझे चाँद चाहिए, भारतीय ज्ञानपीठ प्रकाशन, नई दिल्ली, प्रथम ज्ञानपीठ संस्करण-२०११,

---

संपर्क सूत्र-

मिर्जा मासुमे फातिमा
शोधार्थी, हिन्दी विभाग
आन्ध्र विश्वविद्यालय, विशाखपट्टणम
मोबाइल ७३९६१७८६४४
E-mail- masumefathima786786@gmail.com

[1] एस. कृष्ण बाबु- साहित्यिक अवधारणाएँ : सामयिक संदर्भ
[2] कालिया, ममता - दौड़, पृ.सं. ५१
[3] कालिया, ममता - दौड़, पृ.सं. ५१
[4] कालिया, ममता - दौड़, पृ.सं. ५२
[5] कालिया, ममता - दौड़, पृ.सं. ८५
[6] कालिया, ममता - दौड़, पृ.सं. ९१
[7] कृष्णासोबती- समय सरगम, पृ.सं. ७४
[8] कृष्णासोबती- समय सरगम, पृ.सं. ७४
[9] कालिया , ममता - दौड़,
[10] कालिया , ममता - दौड़,
[11] एस. कृष्ण बाबु- साहित्यिक अवधारणाएँ : सामयिक संदर्भ
[12] सुरेंद्र वर्मा-मुझे चाँद चाहिए

2

हिंदी कविता में आदिवासी नारी

*** अनिल रोड़ू अहिरे, **डॉ. अशोक मराठे**

आधुनिक हिंदी साहित्य में आदिवासी साहित्य अपनी नई पहचान बना रहा है । आदिवासी साहित्य के अंतर्गत समाज में पिछेड़ेपन, शिक्षा का अभाव और मौखिक परम्परा तथा अपनी बोली भाषा में लेखन कार्य के कारण आदिवासी उपेक्षित समाज के जीवन का यथार्थ चित्रण अनेक साहित्यकारों द्वारा किया गया । आज के साहित्य की मुख्यधारा में काफी अंतर नज़र आता हैं । क्योंकि अधिकारों एवं हक की माँग, जीवन-संघर्ष, प्रकृति- प्रेम, तथा शोषण एवं अत्याचार के खिलाफ विद्रोह और आँदोलन आदि की मात्रा में आदिवासी साहित्य सशक्त होता नज़र आता है तथा नए आयामों को लेकर तेजी से आगे बढ़ रहा है । आदिवासी तथा गैर आदिवासी रचनाकारों के माध्यम से यह साहित्य आज विकसित होता हुआ नजर आ रहा है । इस दृष्टिकोण से कई आदिवासी लेखकों ने काफी बड़ी मात्रा में प्रयास किया है । आदिवासी साहित्य तथा साहित्यिक विधाओं के अंतर्गत 'काव्य' विधा काफी चर्चित रही है, यह बात देखने लायक है कि प्रारम्भिक दौर के आदिवासी साहित्य में गीत एवं कविताओं के माध्यम से आदिवासी समाज को सामने रखने का प्रयास किया गया है । इन आदिवासी कवियों में दीनानाथ मनोहर, निर्मला पुतुल, डॉ. रामधाल मुंडा, वाहरु सोनवणे, मंजू ज्योत्स्ना, अनुज लगुन, बड़ाइक, केशव मेश्राम, हरिराम मीणा, महादेव टोप्पो, आदि उल्लेखनिय नाम हैं । आदिवासी कविताओं में नारी का जीवन-संघर्ष, सामाजिक-विद्रोह, अस्तित्व की समीक्षा, विस्थापन और शिक्षा आदि समस्याओं को प्रमुख रूप से

देखा जा सकता है ।

निर्मला पुतुल बहुचर्चित संथाली लेखिका, कवयित्री और सामाजिक कार्यकर्ता के रुप में विख्यात है । इनका जन्म ६ मार्च १९७२ में दुमका संथाल पालना झारखंड के दुधानी कुरुवा गांव में हुआ । निर्मला पुतुल हिंदी कविता में परिचित आदिवासी नाम है साथ ही साथ राजनीतिशास्त्र में विशेष (ऑनर्स) है और नर्सिंग में इन्होंने ने डिप्लोमा प्राप्त किया । इनकी प्रमुख कृतियों में 'नगाड़े की तरह बजते शब्द' और 'अपने घर की तलाश में है' इनकी कविताओं का अनुवाद मराठी, उर्दू, अंग्रेजी, कन्नड़, उड़िया, नेपाली, पंजाबी आदि भाषाओं में हो चुका है । कविता लेखन के साथ-साथ पिछले १५ सालों में अधिकतर समय से निर्मला पुतुल ने शिक्षा, सामाजिक विकास, मानवाधिकार और आदिवासी महिलाओं के समग्र उत्थान के लिए अर्पित किया वर्तमान समय में भी व्यक्तिगत और संस्थागत स्तर पर लगातार सक्रिय है । अनेक राज्य-स्तरीय और राष्ट्रीय सम्मान हासिल कर चुकी निर्मला पुतुल फिलहाल निर्वाचित मुखिया के रूप में कार्यरत है ।

आदिवासी समाज जीवन के अलग-अलग बिंदुओं पर लेखन कार्य करने वाले महत्वपूर्ण आदिवासी रचनाकारों में निर्मला पुतुल का नाम सबसे आगे है । उन्होंने साहित्य और समाज के अंतर्गत १५ वर्षों की समयावधि में सामाजिक विकास, शिक्षा, मानवाधिकार तथा आदिवासी स्त्रियों के समग्र उत्थान एवं विकास अग्रसर होकर सराहनीय कार्य किए । उनके इस योगदान हेतु अनेक राज्यस्तरीय, राष्ट्रीय स्तरीय तथा अंतराष्ट्रीय स्तर पर अनेक संस्थाओं ने आगे बढ़कर उन्हें सहयोग प्रदान किया । 'जीवन रेखा' ट्रस्ट के माध्यम से संथाल आदिवासियों की समाज सेवा करते समय कवयित्री का संपर्क विभिन्न आदिवासी जन-जातियों से हो रहा है । आदिवासी समाज पर विचार मंथन करते समय उनकी कविताओं में अवसरवादी मानसिकता, नारी की पीड़ा तथा मानवीय संवेदना पर प्रकाश डालने का प्रयास किया है । निर्मला पुतुल की कविताओं में आदिवासी समाज का शोषण, अत्याचार एवं पीड़ा के खिलाफ आवाज उठती नजर आती है । सामाजिक कार्य और साहित्य के लिए कवयित्री को कई पुरस्कारों से नवाजा गया है जैसे साहित्य अकादमी नई दिल्ली द्वारा उन्हें आदिवासी युवा कवयित्री के रूप में सम्मानित किया है । यह पुरस्कार संथाली भाषा की प्रमुख लेखिका होने के नाते इन्हें प्राप्त हुआ है । इनकी कविताओं का हिंदी अनुवाद झारखंड के दुमका के हिंदी के विख्यात कवि श्री अशोक सिंह ने किया है ।

निर्मला पुतुल की प्रमुख भाषा संथाली है । अब तक इनके तीन काव्य-संग्रह प्रकाशित हो चुके हैं क्रमशः 'अपने घर की तलाश में', 'नगाड़े की तरह बजते शब्द'

तथा 'बेघर सपने' । इसमें से पहले दो काव्य-संग्रहों का संथाली भाषा से हिंदी भाषा में अनुवाद अशोक सिंह ने किया है । इन काव्य-संग्रहो मे आदिवासी समाज के शोषण एवं न्याय के सवालों को बार-बार उठाने का प्रयास किया गया है ।

प्रस्तुत शोधालेख के अंतर्गत निर्मला पुतुल का काव्य-संग्रह 'नगाड़े की तरह बजते शब्द' को आधार बनाया गया है । जिसने साहित्य जगत में प्रवेश करते ही धूम मचा दि थी । आदिवासी नारी तथा आदिवासियों की दर्दनाक पीड़ा, वेदना, उपेक्षा, टीस, दर्द, घुटन -टूटन, अपमान, विपन्नता, शोषण, विवशता, दयनीयता, एवं विद्रोह को इस काव्य-संग्रह के माध्यम से समाज के सामने रखने का प्रयास किया गया है । निर्मला पुतुल की इन कविताओं में भोगे हुए जीवन का यथार्थ और कार्यक्षेत्र की अनुभूतियाँ सम्मिलित है । निर्मला पुतुल ने पूरी ईमानदारी और निडरता के साथ सच को सच और झूठ को झूठ बताते हुए इन कविताओं का निर्माण किया है । उन्होंने अपने हक एवं अधिकारों की गूँज को बहुत बड़ी मात्रा में समाज के ठेकेदारों तक पहुँचाने का कार्य अपनी कविताओं के माध्यम से किया है ।

निर्मला पुतुल की कविताओं में अनुभूति परक भाषा दिखाई देती है । नारी विमर्श की नई परिभाषा है निर्मला पुतुल का जीवन और कार्य क्षेत्र जो कि झारखंड से जुड़ा हुआ है । झारखंडी आदिवासी नारियों के जीवन का यथार्थ, जीवन की त्रासदी, उनके अस्तित्व की सच्चाई, शोषण, तथा पीड़ा आदि समस्याओं का चित्रण निर्मला पुतुल द्वारा उनके कविताओं में ईमानदारी से प्रस्तुत किया गया है । झारखंड क्षेत्र से झारखंडी आदिवासी स्त्रियों का विस्थापन एवं उनका शोषण निर्मला पुतुल द्वारा कविता के माध्यम से व्यक्त किया गया । आदिवासी नारीयों के जीवन यथार्थ के विषय संबंध में उनका कथन है कि- "आदिवासी महिलाएँ जिनके पास भूक है, भूक में दूर तक पसरी उबड़-खाबड़ धरती है, सपने है, सपनों से दूर तक पीछा करती अधूरी इच्छाएँ हैं, जिसकीलिजाजी दीवारों पर पाँव रखकर वे भागती है, बेतहाशा, कभी पूरब तो कभी पश्चिम की और.....।"[1] पितृसत्तात्मक इस समाज में एक आदिवासी नारी मरने-मिटने के बावजूद अपना हक भी वह जता नही सकती है । आदिवासी समाज प्रकृति की गोद में अपना जीवन यापन करता है, इसलिए इस समाज की प्रकृति के प्रति अपार श्रद्धा दिखाई देती है । लेकिन दिन-ब-दिन इस समाज को सभ्य समाज का अंश मानने वालों ने जंगल एवं पत्थरों को काटकर प्रकृति को नष्ट कर अपना स्वार्थ भाव दिखाया है । इनके द्वारा जंगल पैर पसारने तथा प्रकृति को कष्ट पहुँचाने जैसा कु-कार्य किया जा रहा है । इन आदिवासी इलाकों में डाक्टरों तथा सूदखोरों ने लूटपाट मचा रखी है । इस

बात से कोई अनभिज्ञ नहीं फिर भी निर्मला पुतुल अपनी सखी से कहती है कि- इन सब कु- कर्मो का जिक्र भी मत करो वरना विरोध करने के लिए उल्टा तुम्हें ही दोषी करार देकर दण्डित किया जाएगा यथा-

"हक की बात न करो मेरी बहन
मत मांगों पिता की संपत्ति पर अधिकार
जिक्र मत करो पत्थरों और जंगलों की अवैध कटाई का
सूदखोरों और ग्रामीण डाक्टरों के लूट की चर्चा न करो बहन
मिहिजाम के गोअकोला की
सुबोधनी मारन्दी की तरह तुम भी
अपने मगज हीन पति द्वारा
भरी पंचायत में डायन करार कर दण्डित की जाओंगी।"[2]

आदिवासी रचनाकारों द्वारा आदिवासी समाज के लिए सशस्त्र आँदोलन के रूप में साहित्य का सृजन किया जा रहा है। कुछ आदिवासी रचनाकारों ने स्वयं के जीवन की यथार्थ अनुभूतियो को लेकर समाज के सामने आँखों देखा हाल प्रस्तुत किया है जिसमे निर्मला पुतुल का महत्वपूर्ण योगदान रहा है। निर्मला पुतुल की कविताएँ काफी हद तक आदिवासी जीवन के यथार्थ को समाज के सामने रखती हैं। समाज की पीड़ा, दुख-दर्द, शोषण की समस्याएँ, उनका संघर्ष, सजकता, उनके अधिकारों एवं हक, तथा विद्रोह आदि महत्वपूर्ण बिंदुओं को उनकी कविताओं में देखा जा सकता है, तथा उनकी दयनीय दशा की और गंभीरता से सोचने के लिए प्रेरित करती है। आदिवासी नारियों कि दीन-हीन दशा को बेबाक ढंग से वर्णित करते हुए वे उनके शोषण के खिलाफ आवाज़ उठाती हुई दिखाई देती है। वे उन्हें उनके हक और अधिकारों के प्रति जागृत करना चाहती है। अन्यायी और अत्याचारी पुरुष प्राधान सत्ता के खिलाफ वे रोष प्रकट करती हैं साथ ही साथ वह उनसे मुक्ति भी प्राप्त करना चाहती है। वे बेचैन होकर अपने अस्तित्व की खोज करती हुई दिखाई देती है। नारी विमर्शों के अलग-अलग आयामों को बेहतरीन ढंग से अपनी कविताओं के माध्यम से आदिवासी नारियों की दर्दनाक पीड़ा को प्रस्तुत किया है। इनकी कविताएँ समाज के लोगों को सोचने के लिए मजबूर कर देती हैं। अनादिकाल से सभ्य समाज द्वारा आदिवासियों का शोषण किया जाता रहा है। आदिवासीयों के इस शोषण के विरोध में निर्मला पुतुल ने चेतावनी देते हुए कहा है कि अब वे चुप नही रह सकते वरना उनके अंदर जो ज्वालामुखी धधक रही है उसे बाहर आने में देर नही लगेगी। अतः आदिवासी एवं आदिवासी नारी के जीवन का यथार्थ, उनकी दशा और दिशा, समानता एवं मानवता के पक्ष में निर्मला

पुतुल ने अपनी कविताओं के माध्यम से जागृति उत्पन्न करने का कार्य किया है। इस दृष्टिकोण से निर्मला पुतुल ने अपनी कविताओं में आदिवासी नारी विमर्श के विविध आयामों को सशक्त रूप में प्रस्तुत किया है।

संदर्भग्रंथसूची

१) नगाड़े की तरह बजते शब्द - निर्मला पुतुल

२) निर्मला पुतुल की कविताएँ : आदिवासी पीड़ा और प्रतिरोध का काव्य संसार - रेखा सेठी

http://www.strrkaal.com से उदधृत

संपर्कसूत्र-

*** अनिलरोड़ूअहिरे,**

शोध छात्र,

सी. गो. पाटील कला विज्ञान व वाणिज्य महाविद्यालय साक्री (महाराष्ट्र)

E-mail : - ahirea512@gmail.com

Mobile No:-9763784601

एवं

**** डॉ.अशोकमराठे**

हिंदी विभाग प्रमुख एवं शोधनिर्देशक,

उत्तमराव पाटील कला व विज्ञान महाविद्यालय दाहीवेल (महाराष्ट्र)

[1] निर्मला पुतुल- नगाड़े की तरह बजते शब्द, पृ. २४

[2] रेखा सेठी-निर्मला पुतुल की कविताएँ : आदिवासी पीड़ा और प्रतिरोध का काव्य संसार

3

संत पीपा की वाणी में नारी-विमर्श (साध्वी सीता के सन्दर्भ में)

डॉ. बंशीलाल

आदि अनादि काल से ही भारत संत, ऋषि-मुनियों, प्रबुद्ध चिंतकों की भूमि है । भारत राष्ट्र यहाँ के अध्यात्म, दर्शन, संस्कृति में विश्व में सिरमोर है । यहाँ की समृद्ध सभ्यता, जीवन शैली में निहित सहज आचार-विचार, सशक्त जीवनमूल्य, सर्वधर्म समभाव तथा वसुधैव कुटुम्बकम् से सम्पूर्ण विश्व में भारत को विश्वगुरु के रूप में जाना पहचाना जाता है । भारतीय संतों की जीवन यात्रा और उनकी वाणी आज के समाज के समक्ष अनमोल धरोहर के रूप में प्रस्तुत है जो मानव की उत्कृष्ट जीवन शैली का आधार है और लोकमंगल का जीवंत दस्तावेज है ।

मध्ययुगीन संतकवियों में कबीर, रैदास, धन्ना, सेना के साथ ही उनके समकालीन संत पीपा ने स्वामी रामानंद जी के पथ प्रदर्शन में राजस्थान प्रदेश के साथ-साथ भारत के विभिन्न क्षेत्रों में भक्ति का प्रचार-प्रसार किया । भारतीय भक्ति साधना में संत कवियों के साथ ही संत कवयित्रियों की भी परम्परा रही है । प्रदेश में भक्ति का प्रचार-प्रसार करने वाली संत कवयित्रियों में मीराबाई, गवरीबाई, सहजोबाई, फूलीबाई के नाम और उनके द्वारा रचित साहित्य पढ़ने-सुनने में आता है लेकिन इनके समकालीन रही भक्त कवयित्रियों को न्यायसंगत पहचान नहीं मिल पायी । संतों के जीवन चरित्र एवं साहित्यिक प्रवृतियों के सामान

ही इनका साहित्य भी समृद्ध है।

भक्तिकाल में संत पीपा की सहचरी, उनकी पत्नी ने भक्ति के प्रसार-प्रचार में अपनी व्यावहारिक सहभागिता का निर्वहन किया। साध्वी सीताजी ने पति के साथ सांसारिक मोह-माया से मोहत्याग कर आजीवन भक्ति भाव का प्रण लेते हुए अपना जीवन लोकमंगल हेतु समर्पित किया। संत पीपा की वाणी और साध्वी सीताजी की वाणी तत्कालीन सामाजिक परिवेश का उकेरण है जिसमें सामजिक कुरीतियों पर कड़ा प्रहार है तथा नारी-संबल, नारी-चेतना का सन्देश परिलक्षित है।

१४वीं सदी की प्रतिकूल सामजिक परिस्थितिओं में संत पीपा ने महिलाओं के प्रति सकारात्मक, सहयोगात्मक, अभिप्रेरणात्मक दृष्टिकोण रखते हुए नारी मुक्ति आन्दोलन, नारी चेतना के स्वर फूंके। इसका शुभारम्भ स्वयं से करते हुए पत्नी सीता सहचरी को परमात्मा भक्ति करने, सन्यास ग्रहण करने एवं साधु सत्संगति में धार्मिक यात्राएँ करने का समर्थन किया। १४ वी सदी में नारी-चेतना और महिला सशक्तिकरण का इससे उत्कृष्ट उदाहरण मिलना अत्यंत ही दुर्लभ है।

विद्वान श्रीकृष्ण जुगनू साध्वी सीता जी के युगीन योगदान को रेखांकित करते हुए कहते हैं कि- "जाहिर है कि उस काल में परदा प्रथा आज की मान्यता से अलग थी और घुन की तरह लगी हुयी थी। उस दौर में परदा नहीं होने से कुछ भी हो सकता था, सीता ने परदा त्याग किया और उनके इस त्याग का समर्थन पीपा ने किया। उन्होंने जब पीपा को राजसी वैभव त्यागने का संकल्प लेते देखा तो स्वयं ने भी अपने बन्धनों को त्यागने का निश्चय किया। यह वह दौर था जब रानियाँ बंद पालकियों में इधर-उधर जाती थी। ऐसे में साध्वी सीता ने एक संकल्पित महानारी के रूप में भारतीय समाज के सुधार में आगे आई।"[1]

वर्तमान परिदृश्य में प्राय: ऐसे दृड्ढांत पढ़ने, सुनने और देखने को मिल जाते हैं कि तथाकथित सभ्य समाज में वातानुकूलित कक्षों में, चमचमाते पोस्टर, गुलदस्तों से सजे- धजे मंचों पर पसरी दुधियाँ रोशनी के साये में प्रबुद्ध चिन्तक-आलोचकों द्वारा विभिन्न विमर्शों पर गंभीर चिंतन किया जाता है। ये मंथन न जाने कितने सार्थक और व्यावहारिक होते हैं ये तो आने वाला समय ही तय करेगा लेकिन यह स्पष्ट है कि आज से सदियों पहले जो हमारे ऋषि मुनियों ने लोकमंगल की आराधना में साधना की; वाणी रची है वो निश्चित रूप से सार्थक और प्रासंगिक है।

विद्वान श्रीकृष्ण जुगनू कहते हैं- “मध्यकाल में भक्ति आन्दोलन को न केवल राज्याश्रय दिया गया बल्कि स्वयं भी आन्दोलनकारी हो गए, वैराग्य के इस पथ पर न केवल वे स्वयं चले बल्कि रानी सीता को भी साथ ले लिया। इस संत दम्पती ने राजस्थान, मालवा और गुजरात तक भक्ति आन्दोन की पताका फहराई और स्वामी रामानंदाचार्य के विचारों के लोकसमाज को पूरी तरह रंग दिया। उन्होंने देश को एकात्म भाव में बाँधा। उन्होंने एक राष्ट्र एकेश्वर और अहिंसा का उपदेश दिया।”[2]

जब एक आलोचक, समीक्षक के दृष्टिकोण से सोचा जाय कि शाही राजठाठ में आनंद विलास करने वाला प्रतापी राजा एक ही क्षण, में समस्त भोग विलास को त्यागकर सपत्नीक संन्यास ग्रहण कर लोकमंगल में अपना जीवन समर्पित कर ले, आज के युग में कल्पनातीत लगता है लेकिन भक्तिभाव, संयम से यह संभव है। महत्त्वपूर्ण तथ्य यह है कि तत्कालीन परिवेश में एक राजा द्वारा नारी को संबल एवं नारी के प्रति साम्य भाव, तथा नारी को अपने निर्णय लेने का अधिकार स्वयं पर छोड़ना और समर्थन करना नारी चेतना का अनूठा उदाहरण है। दूसरी बात यह कि सहज, बिना किसी दिखावे के संत दम्पती ने व्यावहारिक धरातल पर भक्ति करते हुए लोगों की सेवा साधना की।

संत पीपा की सहधर्मिणी, सहचरी सीता जी की भक्ति भाव पृष्ठभूमि और आध्यात्मिक चेतना को प्रकाशित करते हुए विद्वान डॉ. श्रीकृष्ण जुगनू कहते हैं- “मध्यकालीन समाज सुधारक महिलाओं में सीता सोलंखिनी का नाम अग्रगण्य है। यह गणना केवल श्रद्धा के कारण नहीं बल्कि उनके व्यक्तित्व एवं आजीवन योगदान को जाती है। भारतीय भक्त-परिचयकार संतों और भक्त माला लिखने वाले साधु-सज्जनों ने मुक्त कंठ से सीता के योगदान की चर्चा की। वह तत्कालीन मालवा क्षेत्र के अंतर्गत गारोन गढ़ (वर्तमान राजस्थान के झालावाड़ जिलान्तर्गत) खीची चौहान राजा पीपा की रानी थी। सीताजी के व्यक्तित्व को रेखांकित करते हुए कलमकारों ने उन्हें अपने स्वामी के संकल्पों को साकार करने वाली सहचरी माना है।”[3]

संत पीपा नारी स्वाभिमान के जीवन समर्थक थे। संत पीपा की वाणी में निहित नारी-चेतना, नारी-संबल विषयक विचारों पर मैंने अपने शोध ग्रंथ में ‘रामानंदी द्वादश शिष्यों की प्रामाणिकता : संत पीपाजी विशेष’ में विस्तार से प्रकाश डालते हुए कहा है कि- “संत पीपा जी नारी-चेतना, नारी-स्वाभिमान, नारी-सशक्तिकरण के प्रबल समर्थक रहे। भक्तिकालीन संतों की सामाजिकता पर दृष्टिपात करने से ज्ञात होता है कि अधिकतर संतों की नारी विषयक विचारधारा

नकारात्मक ही रही । सिद्धों की प्रतिक्रिया स्वरूप उपजे नाथ सम्प्रदाय ने नारी को भक्ति में बाधा मानते हुए, उसे पूर्णतया भक्ति से विरक्त रखा लेकिन संत पीपाजी ने समस्त भ्रांतियों का निर्भीकता से खंडन करते हुए अपने अनुयायियों को नारी के प्रति स्नेह, सम्मान, स्वाभिमान की भावना रखते हुए ईश्वरीय भक्ति करने हेतु समर्थन की प्रेरणा दी ।"[4]

नारी के प्रति आदर भाव, सम्मान रखते हुए पीपा ने परनारी से दूर रहने की सीख दी है । परनारी आकर्षण में रावण जैसा बलशाली भी नष्ट-भ्रष्ट हो गया । वे अपनी लोकमंगल वाणी में कहते हैं-

परनारी परतख छुरी, पीपा लीजे न अंगि,
रावण सरीखा बह गया,परनारी के संगि ।

तत्कालीन सामाजिक कुप्रथाओं का विरोध करते हुए संत पीपा नारी के प्रति मर्यादा का भाव रखने का सन्देश देते हैं । अपनी वाणी में कहते हैं कि पुरुष को परनारी के प्रति संरक्षण, सम्मान का भाव रखते हुए अपने शील, संयम और सत्चरित्र का परिचय देना चाहिए । किसी भी परिस्थिति में नारी के प्रति नकारात्मक दृष्टिकोण नहीं होना चाहिए । अगर कोई दुर्जन प्रवृति का मनुष्य नारी के प्रति दुर्भावना रखता है तो उसका विनाश निश्चित है-

परनारी पैनी छुरी , बिरला बचे न कोय,
पीपा पेट न संचरिये ,जे सोना की होय ।

विद्वान डॉ. पूरण सहगल ने सीता जी को भक्तिकालीन संत सरिता की श्रेष्ठ साध्वी मानते हुए कहा हैं- "स्वामी रामानंद के द्वादश शिष्यों में भले ही साध्वी सीता को सम्मिलित नही किया गया किन्तु वे अपने युग की क्रांन्तिदृष्टा एवं सृष्ठा नारी संत की तरह उजागर हुई । उन्होंने अपने सम्पूर्ण जीवन को समाज के उत्थान के लिए समर्पित कर दिया । धन्य-धन्य सीता सती के अनुसार वे बाल ब्रह्मचारिणी थीं । इस धर्म का निर्वाह उन्होंने जीवन के अंत तक किया । उनका वैवाहिक जीवन भी उनके इस व्रत को खंडित नहीं कर पाया ।"[5]

साध्वी सीता जी की वाणी (संकात रूपकुंवर सोलंखिणी) में सुलक्षणी, शीलवती नारी को उल्लेखित करते हुए कहा गया कि प्राणों के मूल्य से बढ़कर शील की रक्षा, शीलवती नारी की पहचान होती है-

प्राण जाय, जाय भला, शील न जावण न जाय ।
सीता नार सुलछनी, शीलवती कहलाय ॥

साध्वी सीता जी की वाणी में स्त्री-पुरुष साम्य भाव चित्रित हुए हैं एवं स्त्रियों के साथ साथ समाज के पुरुषों से भी समान रूप से मर्यादा, संस्कार, संयम और शील

का पालन करने का सन्देश निहित है-

"काछ वाच गाठो रहे, रहवे सदर मुकाम ।
सीता ऐसो धरम धर , ज्यूँ सीता अर राम ॥"[6]

प्राय: ऐसा माना जाता रहा है कि मध्यकालीन संतों की वाणी में नारी के प्रति नकारात्मक दृष्टिकोण है लेकिन यह पूर्णरूपेण सच नहीं माना जा सकता । नारी के प्रति संतों की वाणी में उल्लेखित विषय वस्तु और संवेदना का व्यावहारिक धरातल पर पुनर्मूल्यांकन करने की आवश्यकता है । चाहे पुरुष हो या चाहे नारी हो, सामाजिक ढाँचे में तत्कालीन देश काल परिस्थितियों में कहीं न कहीं विरोधाभास वाले अपवाद जरुर रहे होंगे जिनका निष्पक्ष दृष्टिकोण से अनुशीलन होना चाहिए । चाहे कबीर की वाणी हो, चाहे तुलसीदास के पद हो या संत पीपा की वाणी हो, प्राय: सभी संतों ने लोकमंगल की आराधना में सामजिक कुरीतियों तथा उनमेंप्त सभी वर्गों का चाहे राजा, रंक, नारी या पुरुष हो, कड़ा विरोध किया है ।

ठीक इसी प्रकार से सीताजी की वाणी में भी दुराचारी नारियों की निंदा दृष्टिगोचर होती है । साध्वी सीताजी की वाणी में दुर्मति नारियों का प्रखर विरोध दिखता है जो अपने पति को छोड़कर परपुरुष से सम्बन्ध रखती है-

"निज पीव ती परदों करे, रमे और रे संग
सीता, अधम, कुलच्छनी कुलता वई मतंग ।"[7]

इसमें कोई दो राय नहीं कि नारी परमात्मा की उत्कृष्ट संरचना और समाज की आधारभूत धरोहर है । आदि-अनादि काल से नारियों के प्रति सम्मान आदरभाव की इस अनवरत स्तुत्य सोच चिन्तन की परम्परा के दर्शन संतों की वाणी में स्पष्ट रूप से उजागर होते हैं । वर्तमान परिप्रेक्ष्य में सीता जी की वाणी में निहित, नारी-चेतना एवं वाणी की उपादेयता को उनके अमृतमयी उपदेशों से, विचारधारा से स्पष्ट समझा जा सकता है । तत्कालीन समाज वर्ग में हुई कन्या हत्या का प्रखर विरोध करते हुए कहती है कि ऐसी मिथ्या, व्यर्थ और झूठी शान को धिक्कार है जो कन्या के जन्म होने पर उस अबला की हत्या कर देते हैं । ऐसे संकुचित मानसिकता के लोगों का जीना ही धिक्का है, उन्हें उनके कर्मों की सजा जरुर मिलती है-

"कर दे हत्या जनमतां, कन्या रि जो लोग ।
सीता पडसी भोगनो, करयो पाप रो भोग ॥"[8]

भारतीय दार्शनिक, सांस्कृतिक परम्परा में नारी और जन्मभूमि को स्वर्ग से भी बढ़कर माना गया है तथा यह भी उल्लेखित है कि जहाँ नारियों की पूजा होती है वहां देवताओं का निवास होता है । इसी चिन्तन परम्परा में साध्वी सीता जी

अपनी वाणी में कन्या को नौ दुर्गा का रूप मानती हैं-

"नव दुर्गा री संगत ले ,कन्या कुल में आय ।
सीता कन्या घात कर, दो दो वंश नसाय ॥"[9]

वर्तमान परिदृश्य से वाणी का मूल्यांकन करने से स्पष्ट होता है कि साध्वी सीताजी की वाणी नारी-चेतना, नारी-सशक्तिकरण का जीवंत दस्तावेज है । नारी के प्रति नकारात्मक भाव, दुराचारी सोच रखने वाले तथा नारी को नरक की खान कहने वाले कुत्सित प्रवृत्ति के लोगों पर प्रहार करते हुये सीताजी कहती हैं-

"धिक धिक कहवे नार ने गरक नरक री खान ।
सीता धिक जो नर करे, नारी को अपमान ॥"[10]

सीता जी ने तत्कालीक सामाजिक व्यवस्था में नारी की दयनीय, चिंतनीय स्थिति को न सिर्फ चित्रित किया है बल्कि नारियों के सामने तमाम प्रतिकूलताओं के विकल्प समाधान भी रखे हैं । तानाशाही कुत्सित सामाजिक ढाँचे एवं तथाकथित धर्म समाज के ठेकेदारों के समक्ष नारी जाति का प्रतिनिधित्व करना अपने आप में क्रांतिकारी कदम है। ऐसे भयावह दौर में उनका यह विरोध महिला-सशक्तिकरण का उत्कृष्ट उदाहरण है ।

नारी को इस सृष्टि की उत्कृष्ट रचना मानते हुए सीताजी नारी को प्रताड़ित करने वाले मिथ्या अभिमानी, दुराचारी पुरुषों के समक्ष गंभीर प्रश्न छोडती हुई कहती हैं-

"सीता नारी मात है, बेटी बेन भी नार ।
रे नर ऐसा नरग ती क्यों आयो संसार ॥"[11]

उत्तरआधुनिक काल के विभिन्न साहित्यिक विमर्शों में नारी विमर्श पर सामाजिक, साहित्यिक चिंतकों समीक्षकों ने प्रकाश डाला है । नारी को अबला के भ्रम से सबला, सशक्त, आत्मनिर्भर बनने का आह्वान साध्वी सीता की वाणी में स्पष्ट रूप से उजागर है । वाणी में उल्लेखित है कि नारी को सशक्त, मजबूत और आत्मनिर्भर बनने के लिए अपने हिस्से की सहभागिता भी निभानी पड़ेगी-

"नारी खुद ऊठे नहीं , कोई न टेको देय ।
सीता सत राखे अडग, गाठो राखे धेय ॥"[12]

वाणी के अनुशीलन से परिलक्षित होता है कि तत्कालीन समाज परिवेश की विवश, प्रताड़ित नारियों के साथ खड़ी रहकर नारी वर्ग का प्रतिनिधित्व करती नजर आती है । नारी-चेतना, सामाजिक नवचेतना का अंकुरण वाणी में अनायास ही प्रस्फुटित होता सा दिखता है । नारी को उसकी शक्ती, सामर्थ्य का एहसास कराते हए सीता जी, नारियों को खड़गधारिणी दुर्गा का रूप मानती हैं-

"बार बार चेतन करूँ , सुणलीजो सब कोय ।
सीता,बीसहत्थी बनो, जद कोय विपदा होय ॥"[13]

निष्कर्ष रूप से कहा जा सकता है कि संत पीपा की वाणी में निहित सामाजिक चिंतन, नारी-चेतना के आधार पर स्पष्ट होता है कि तत्कालीन समाज परिवेश में, न सिर्फ नारी को सशक्त, आत्मनिर्भर बनने की बात कही बल्कि धरातली जमीनी पर नारी-चेतना का शंखनाद किया और समर्थन भी किया । ठीक ऐसी ही व्यावहारिक परम्परा का अनुकरण करते हुए साध्वी सीताजी ने भी अपने जीवन चरित्र एवं कृतित्व के माध्यम से सहज सरल भाषा में नारी-चेतना का प्रतिनिधित्व किया । वाणी के अनुशीलन से स्पष्ट होता है कि आपनी कथनी-करनी में अंतर न रखते हुए भक्ति के माध्यम से तत्कालीन समाज की सेवा आराधना की । अपनी वाणी में निहित सार्थक, प्रासंगिक उपदेशों से नारी-चेतना के स्वर आगामी पीढ़ी के लिए मशाल का काम करेंगे ।

सन्दर्भग्रन्थसूची

१. पूरण सहगल- मध्यकालीन समाज सुधारक साध्वी सीता सुलक्षणी

२. पूरण सहगल- संत पीपाजी एवं भक्ति आन्दोलन

३. बंशीलाल- रामानंदी द्वादश शिष्यों की प्रामाणिकता : संत पीपा जी विशेष

संपर्कसूत्र-

डॉ. बंशीलाल
सहायक आचार्य -हिंदी
वी वी राजकीय महाविद्यालय जालोर
मोबा. ९५८७१२१८३३

[1] पूरण सहगल, मध्यकालीन समाज सुधारक साध्वी सीता सुलक्षणी- पृ. सं. १२

[2] पूरण सहगल, संत पीपाजी एवं भक्ति आन्दोलन- पृ.सं. ८

[3] पूरण सहगल, मध्यकालीन समाज सुधारक साध्वी सीता सुलक्षणी- पृ. सं. ५

[4] बंशीलाल, रामानंदी द्वादश शिष्यों की प्रामाणिकता : संत पीपा जी विशेष सं.पृ.सं. २२४

[5] पूरण सहगल, मध्यकालीन समाज सुधारक साध्वी सीता सुलक्षणी- पृ. सं. २९

[6] पूरण सहगल, मध्यकालीन समाज सुधारक साध्वी सीता सुलक्षणी- पृ. सं. ९९

[7] पूरण सहगल, मध्यकालीन समाज सुधारक साध्वी सीता सुलक्षणी- पृ. सं. १०१

[8] पूरण सहगल, मध्यकालीन समाज सुधारक साध्वी सीता सुलक्षणी- पृ. सं. १०४

[9] पूरण सहगल, मध्यकालीन समाज सुधारक साध्वी सीता सुलक्षणी- पृ. सं. १०४

[10] पूरण सहगल, मध्यकालीन समाज सुधारक साध्वी सीता सुलक्षणी- पृ. सं. ११९

[11] पूरण सहगल, मध्यकालीन समाज सुधारक साध्वी सीता सुलक्षणी- पृ. सं. ११९

[12] पूरण सहगल, मध्यकालीन समाज सुधारक साध्वी सीता सुलक्षणी- पृ. सं. ११८

[13] पूरण सहगल, मध्यकालीन समाज सुधारक साध्वी सीता सुलक्षणी- पृ. सं. १२०

4

नासिरा शर्मा के उपन्यासों में नारी-विमर्श

पी. पूर्णिमा

मनु ने नारी का सम्मान बढ़ाते हुए कहा-

यत्र नार्यस्तु पूज्यन्ते रमन्ते तत्र देवताः ।

यत्रैतास्तु न पूज्यन्ते सर्वा स्तत्रा फलाः क्रिया ।

अर्थात, "जहाँ स्त्रियों की पूजा होती है, वहाँ देवता रमण करते हैं लेकिन इसके विपरीत जहाँ स्त्रियों की पूजा नहीं होती वहाँ सभी प्रकार के शुभ और पवित्र कर्म भी सुखद फल नहीं देते ।"[1]

स्त्री साक्षात शक्ति है । सृष्टि के विकास क्रम में उसका महत्त्वपूर्ण स्थान है । वह सौंदर्य, दया, ममता, भावना, संवेदना, करुणा, क्षमा, वात्सल्य, त्याग एवं समर्पण की प्रतिमूर्ति है । इन्हीं गुणों के कारण उसे देवी कहा जाता है । प्राचीन काल से लेकर वर्तमान काल तक भारतीय स्त्रियों की स्थिति में काफी उतार-चढ़ाव आए हैं । वैदिक युग में नारी का जीवन काफी उन्नत एवं परिष्कृत था । ऋग्वेद में स्त्री को यज्ञ में ब्रह्मा का स्थान ग्रहण करने योग्य बनाया है । रामायण और महाभारत काल में स्त्रियों का वर्णन विदूषियों के रूप में कम, गृहस्वामिनी के रूप में अधिक मिलता है । आधुनिक नारी बाहरी तौर पर काफी आगे पहुँची है, लेकिन जितना पहुँचना चाहिए था वहाँ तक नहीं पहुँच पाई है । स्त्री विमर्श के युग में स्त्री की स्थिति में आया सबसे महत्त्वपूर्ण परिवर्तन यह है कि वह पुरुष के समान ही जीवन के विभिन्न क्षेत्रों में कार्यरत है, लेकिन इसके लिए उसे भीतर और बाहर दोनों ओर से टूटना पड़ता है । वह दिन भर नौकरी करके घर लौटती है, तो उसे

पारीवारिक दायित्व भी निभाना पड़ता है ।

स्त्री विमर्श (Feminism) एक ऐसा विचार है, जो प्राकृतिक भेदों को छोड़ मानवी व्यवस्थात्मक, सामाजिक, आर्थिक, राजनैतिक, धार्मिर्क, वैचारिक एकांग केंद्रित विभेदों को अस्वीकार कर समान मानवी अधिकारों की माँग करते हुए नारी मुक्ति चाहता है । यह मुक्ति पुरुष से मुक्ति न होकर उस पर लादे गए अन्यायी बंधनों से मुक्ति है । इस संदर्भ में बलवंत कौर का विचार है कि- "स्त्री-विमर्श अपने समय और समाज की जीवन की वास्तविकताओं तथा संभावनाओं की तलाश करने वाली दृष्टि है।"[2] और इसी संदर्भ में मृदला गर्ग का विचार है कि- "मैं समझती हूँ कि फेमेनिज्म का मतलब नारी मुक्ति नहीं, सोच की मुक्ति है। नर्तमान समय में स्त्री-विमर्श को एक शास्त्र के रूप में भी अपनाया जा रहा है ।"[3]

स्त्री विमर्श यह संकल्पना किसी एक विचारधारा पर आधारित न होकर अनेक विचारधाराओं का समन्वय है । स्त्री विमर्श पुरुषों के विरोध में संघर्ष नहीं है, बल्कि जैविक, सामाजिक, मानसिक, आर्थिक, सांस्कृतिक और राजनीतिक स्तरों पर स्त्री को कनिष्ठ स्थान दिया जाता है, उसे समाप्त करना इसका उद्‌देश्य रहा है, यह एक ऐसा विचार है, जो स्त्रियों को उसकी परंपरागत भूमिका से हटाकर उसके स्वतंत्र अस्तित्व की पहचान कराता है । साहित्य में स्त्री विमर्श एक मानवीय दृष्टि है जो स्त्री-पुरुष भेद को मिटाकर दोनों में समानता लाने की वकालत करता है । अतः साहित्य के माध्यम से नारी के स्वत्व की पहचान कराने का प्रयास ही स्त्री विमर्श है ।

नासिरा शर्मा हिन्दी साहित्य की एक सशक्त लेखिका हैं । उनमें गहन चिंतन-मनन की शक्ति है । उन्होंने जन जीवन को अधिक निकटता से देखा है । नासिरा शर्मा ने अपने साहित्य में धार्मिक श्रध्दा, सामाजिक रूढ़ियाँ, रहन सहन, सांस्कृतिक पृष्ठभूमि, लेकर प्रथम श्रेणी समकालीन राजनीति तथा उनके जीवन का परिणाम आदि बातों का चित्रण किया है । नासिरा शर्मा समस्याओं को मात्र उद्‌घाटित नहीं करती, अपितु उनका समाधान भी प्रस्तुत करती हैं । लेखिका ने स्त्री-पुरुष संबंध, घर-बाहर का समाज, सामाजिक मूल्य, परंपरा एवं अधुनिकता को अपनी दृष्टि से देखते हुए महिलाओं की यथार्थ दशा एवं अधिकारों का सूक्ष्म वर्णन किया है । वह नारी समाज का प्रतिनिधित्व करते हुए उनकी पीड़ा को स्वानुभूति के धरातल पर व्यक्त करती हैं । नासिरा शर्मा एक प्रगतिशील लेखिका हैं, उन्होंने अपने उपन्यासों में नारी के विविध रूपों का उद्‌घाटन किया है ।

'शाल्मली' उपन्यास में शाल्मली आज के युग की पढ़ी-लिखी, आधुनिक और व्यापक विचारों वाली नारी है । वह केन्द्रीय सेवाओं की प्रतियोगिता परीक्षा में उत्तीर्ण होकर उच्च अफसर बन जाती है। पति नरेश भी किसी दफ्तर में अनुभाग अधिकारी के रूप में काम करता है, किन्तु उसका अहं पत्नी की उच्च पदस्थता के प्रति ईर्ष्या भाव जगाता है । अतः परिवार एवं नौकरी को लेकर उसके साथ दुर्व्यवहार करता है । अपनी श्रेष्ठता को दिखाकर उसे नीचे दिखाने का प्रयास करता है। फिर भी शाल्मली संघर्ष करते हुए अपने परिवार को बचाने का प्रयास करती रहती है। वह कहती है- "औरतों के पास दो ही अभिव्यक्तियाँ हैं, सर झुका देना या समस्या को अधूरा छोड़ने पर है, न तोड़ने पर, न आत्महत्या करने पर है, न अपने को किसी एक के लिए स्वाहा करने में है । मैं तो घर के साथ औरत के अधिकार की कल्पना भी करती हूँ और विश्वाश भी । अधिकार पाना यानी घर निकाला नहीं और घर बना रहने का अर्थ सम्मान को कुचल फेंकना नहीं है । यह तो हमारे मस्तिष्क में अति का भूत सवार हो गया है, वह जीवन के लिए विष के समान है ।"[4] शाल्मली को जब अपने पति के बाह्य संबंधों का पता चलता है तो वह अंदर से टूटती है । लेकिन आधुनिकता का परिचय देते हुए कहती है- "मैं बिना किसी धर्म ग्रन्थ, बिना संविधान की सहायता लिए तुम्हें मुक्त कर देती हूँ यदि तुम्हें उसके साथ रहकर अपना जीवन सार्थक लगता हो तो...."[5] शाल्मली नरेश की सभी गलतियों को माफ करते हुए दांपत्य संबंधों को मजबूत बनाएँ रखने का ही प्रयास करती है।

'अक्षयवट' उपन्यास में भी सिपतुन के माध्यम से नारी के स्वाभिमान को उजागर किया है। सिपतुन अपने बेटे जहीर एवं परिवार के सभी सदस्यों की सेवा में ही अपना सुख मानती है। पति की मृत्यु के उपरांत भी वह अपनी जिम्मेदारियाँ बखूबी निभाती है । जब सास द्वारा सिपतुन को उसके दूसरे विवाह के संदर्भ में कहा जाता है तो वह स्वाभिमान के साथ कहती है कि- "कौन ऐसा मर्द है, जो दूसरी बीवी को वही दर्जा देता है । मर्द ही औरत के लिए सब कुछ नहीं होता है । अगर जमाना बदला है दूसरी शादी करने के लिए तो जमाना इस तरह भी बदला है कि औरत अकेले अपने फर्ज़ के साथ भी जी सकती है ।"[6] पुरुष द्वारा कितना भी अन्याय, अत्याचार किया जाए तो भी सामाजिक अदालत में उसको कोई शिक्षा नहीं दी जाती, जबकि स्त्री के लिए सामाजिक नियम सर्वथा अलग हैं । पुरुष के लिए विवाह का कोई बंधन नहीं है। इसी उपन्यास की मौसी कहती है, "अरे बेटवा, मर्द साठा की पाठा, सच पूछो तो मर्द बूढ़ा ही कब होता है । औरत तो बस बीसी की खीसी ।"[7] रामायण काल से स्त्री की गलती न होने पर भी अग्नि परीक्षा

देनी पड़ी है। आज भी इस स्थिति में कोई परिवर्तन नहीं आया है। दहेज प्रथा तो लड़की के लिए अभिशाप बनी है। यह सामाजिक कलंक है, फिर भी लड़के वाले दहेज की मांग करते हैं। आज तो दहेज लेना और देना प्रतिष्ठा का विषय बना है। दहेज के कारण कभी-कभी बहू की हत्या करने में भी ससुराल वाले पीछे नहीं हटते। इसी उपन्यास में रमेश की माँ को दहेज की चिंता ही खाये जा रही है। उसकी दो लड़कियाँ विवाह योग्य हैं, लेकिन देने के लिए उनके पास कुछ भी नहीं है। जैसा- "अच्छा लड़का ढूँढ़ना आसान था मगर उसके खुले मुँह को लाखों रुपयों से भरना कठिन काम था।"[8] रमेश की माँ की यह चिंता वर्तमान में भी शामिल है, क्योंकि लोग कपड़ों से जितने आधुनिक बने हैं, विचारों से उतने ही पारंपरिक।

कई बार पति-पत्नी अपना कैरियर बनाने के लिए एक-दूसरे को त्याग कर देते हैं। उन्हें अपने कैरियर के सामने वैवाहिक जीवन बोझ लगता है। 'कुइयाँजान' उपन्यास के डाक्टर चितरंजन अपना कैरियर बनाने के लिए सुखी दांपत्य जीवन से मुँह मोड़ लेता है। वह अपने मित्र से अपने तलाक के संबंध में कहते हैं- "एक समय ऐसा आया कि मुझे प्रेम और प्रोफेशन के बीच किसी एक को चुनना था। उसको भूलना, छोड़ना मेरे लिए नामुमकिन था। डाक्टरी का पेशा छोड़ना भी असंभव था। पूरे एक वर्ष अपने आप में लड़ते गुजारा और अंत में यही सोचकर कल्पना को छोड़ दिया कि जो प्यार इतना पजेसिव हो, उसके साथ जीना मुझे कहाँ ले जाकर छोड़ेगा।"[9] ऐसे अनेक कारणों की वजह से तलाक होते हैं।

'अजनबी जज़ीरा' उपन्यास सभ्य कहे जाने वाले आधुनिक विश्व में विध्वंस के यथार्थ स्थिति को दर्शाता है। यह एक माँ और एक मुसीबतज़दा औरत की कहानी है। इस उपन्यास में समीरा पाँच बच्चों की माँ है, जिसका शौहर युद्ध के हालात का शिकार होकर दुनिया से विदा हो चुका है। पतिविहीना समीरा अपनी युवा होती बेटियों के वर्तमान और भविष्य को लेकर फ़िक्रमन्द है। बारूद, विध्वंस और विनाश के बीच समीरा ज़िन्दगी की रोशनी व खुशबू बचाने के लिए जूझ रही है।

निष्कर्ष के रूप में कहा जा सकता है कि नासिरा शर्मा मानवतावादी लेखिका हैं, इसके बावजूद उनके साहित्य में स्त्री विमर्श के सभी तत्व समाहित हैं। नासिरा शर्मा के साहित्य में स्त्री शोषण की भयावह स्थिति का चित्रण किया गया है। जैसे- विधवा स्त्री, वेश्या स्त्री, परित्यक्ता स्त्री, बलात्कार से पीड़ित स्त्री आदि। इन्होंने स्त्री विमर्श की प्रस्तुति करते समय भारतीय संस्कृति को सुरक्षित रखा है। नासिरा शर्मा ने वर्तमान नारी जीवन की अनेक विसंगतियों, समस्याओं का चित्रण किया जिसका अध्ययन करने के पश्चात लगता है कि उनका साहित्य स्त्री

विमर्श का दस्तावेज है । साथ ही प्रतिगामी शक्तियों के विरुध्द खड़ी होने वाली आज की निर्भय नारी को भी दिखाया है । इस प्रकार नासिरा शर्मा के उपन्यासों का अध्ययन करने पर उनके साहित्य में निहित स्त्री दशा एवं दिशा को जाना जा सकता है ।

संदर्भग्रन्थसूची

१. महिला सशक्तिकरण और कानून - ऐ.एन. अग्निहोत्री

२. नारी चेतना और कृष्ण सोबती के उपन्यास- बलवंत कौर

३. नासिरा शर्मा और सानिया के साहित्य में स्त्री विमर्श- महेश दवंगे

४. शाल्मली- नासिरा शर्मा

५. अक्षयवट- नासिरा शर्मा

६. कुइयाँजान- नासिरा शर्मा

संपर्कसूत्र-

पी.पूर्णिमा

शोधार्थी, हिन्दी विभाग,

आन्ध्र विश्वविद्यालय, विशाखपट्टणम

Email- poornima887887@gmail.com

[1] *ऐ. एन. अग्निहोत्री- महिला सशक्तिकरण और कानून, पृ सं. २५*

[2] *बलवंत कौर- नारी चेतना और कृष्ण सोबती के उपन्यास, पृ सं. ३०*

[3] *महेश दवंगे- नासिरा शर्मा और सानिया के साहित्य में स्त्री विमर्श, पृ-२७*

[4] *नासिरा शर्मा, शाल्मली, पृ - १६४*

[5] *नासिरा शर्मा, शाल्मली, पृ - १६४*

[6] *नासिरा शर्मा, अक्षयवट, पृ.सं. १३८*

[7] *नासिरा शर्मा, अक्षयवट, पृ.सं. १३८*

[8] *नासिरा शर्मा, अक्षयवट, पृ.सं. १३८*

[9] *नासिरा शर्मा, कुइयाँजान, पृ.सं. १७७*

5

नासिरा शर्मा की कहानियों में नारी-विमर्श

मनोज कुमार द्विवेदी

कहानी के माध्यम से ही नासिरा शर्मा का साहित्य जगत् में प्रवेश हुआ है । इनकी कहानियों में अनेक प्रकार की समस्याओं को उजागर किया गया है । उन्हीं कहानियों में एक 'खुदा की वापसी' यह नासिरा शर्मा कृत छठा कहानी संग्रह हैं । इस संग्रह में खुदा की वापसी, दूसरा कबूतर, बचाव, मेरा घर कहाँ और नई हुकूमत ये नौ कहानियाँ सम्मिलित हैं । इन सभी कहानियों में लेखिका ने मुस्लिम महिलाओं से संबंधित सवालों की ओर ध्यान आकृष्ट किया है । इस संग्रह की कहानियाँ समूह विशेष की होकर भी विभिन्न वर्गों का प्रतिनिधित्व करती है । 'खुदा की वापसी' कहानी की फरजाना अपने पति का विरोध करती हुई कहती है- "मैं तो अपने को सजा दे रही हूँ अपनी हियाकत की यह कोख हमेशा सूनी रखूँगी, उस मर्द का बच्चा हरगिज कोख में नहीं पलने दूँगी, जो मोहब्बत के नाम पर सत्ता का परचम लहराए, जो औरत के अधिकार को अपनी चालाकी से छीन ले और उसे निहत्था बनाकर अपनी जीती ज़मीन का ऐलान करे- वह ज़मीन अंकुर नहीं फोड़ेगी, कभी नहीं ।"[1]

'चार बहनें शीश महल की' कहानी संग्रह में करीमन की सुहाग की दुकान है और उस दुकान पर शरीफ की चार बेटियाँ जब बड़े हो जाती हैं तो वे भी अपने नारीत्व का परिचय देते हुए वह दुकान चलाने की बात ठान लेती हैं । इस कहानी में जब शुरु में शरीफ को चार बेटियाँ होती हैं तो लोग उसे दूसरी शादी करने को कहते हैं कि जब तक घर में लड़का न हो तो घर आबाद नहीं होता । शरीफ अपनी

पत्नी को हिम्मत बंधाते हुए कहता है कि "हौंसला रखो मैं फिरोजशाही मस्जिद के मॉलवी मिला था । बिना किसी माकूल वजह के दूसरी शादी की इज़ाज़त नहीं है । फिर बिना बीबी की रजामंदीलिए शौहर को दूसरे निकाह का हक भी नहीं है । जब मैं खिलाफ हूँ दूसरी शादी के तो दुनियाँ की कोई ताकत हमें अलग नहीं कर सकती । अम्मा चाहे जो करे- ताना तिशना, गण्डा, ताबीज, चिल्ला, मैं बहाने ढूँढ़ने वाला मर्द नहीं हूँ । जो हैं उसका शुक्र अदा करता हूँ । तुम अपनी सेहत देखो, लड़कियों की परवरिश पर ध्यान दो । मैं कारोबार देखता हूँ, हरदम चिन्ता, तनाव से अब्बा का हाथ कई साल से ठीक से बटा नहीं पा रहा हूँ ।"[2]

कहानी में मुहल्ले के कुछ लोगों द्वारा जब झगड़े में शरीफ की दुकान जला दी जाती है और चारों बहनों को गोलियों से भून दिया जाता हैं जिससे चारों बहनें खून से लथपथ हो जाती है तब शरीफ की आँखों के सामने अंधकार छा जाता है और वह सोचता है कि आखिर इन झगड़ों के पीछे मेरी बेटियों का क्या दोष था? 'दहलीज' कहानी में आत्म निर्भर नारी का चित्रण मिलता है । 'दहलीज' कहानी में दिल्ली एक मध्यवर्गीय परिवार का चित्रण किया गया है । आरिफ मियाँ के परिवार में आरिफ मियाँ की मृत्यु के बाद घर का सारा बोझ उनके बेटे सामिन पर पड़ता है । सामिन के घर में सामिन की माँ, सामिन की पत्नी इज़हरा और इनके बच्चे सकीना, शाहीन, हुमैरा और ज़ावेद रहते थे । घर का हर निर्णय सामिन की माँ पर निर्भर था । इस कहानी में दादी और ज़ावेद द्वारा किस प्रकार से लड़कियों का शोषण होता है । इसी को दिखाने का प्रयास किया गया है ।

दादी द्वारा किस प्रकार से घर में ही लड़के-लड़कियों में भेद को दर्शाया है । एक बार ज़ावेद अपनी बहन सकीना से कपड़े प्रेस करने की बात करता है तो सकीना के मना करने पर दादी द्वारा उसकी माँ को यह कहते हुए डाँट लगायी जाती है कि "भाई से जबान लड़ाती हो? माफी मांगो- और दुलहन तुमने भी बेटियों को सर चढ़ा रखा है । याद रखो, नस्ल बेटों से चलती है, यह लड़कियाँ तो मुँडेर पर बैठी गौरैया हैं, अपने बसेरे को उड़ जाएँगी, पलटकर नहीं आयेंगी । बुरे वक्त का साथ लड़का होता है चाहे कान ही क्यों न हो ।"[3]

नयी हुकूमत कहानी में 'हाजरा' नामक और दर्दभरी कहानी को प्रस्तुत किया गया है । वह अपने पति अल्ताफ के साथ सत्ताइस साल का वैवाहिक जीवन व्यतीत करती है । अल्ताफ शीशे काटने का काम करता था । सत्ताइस साल के वैवाहिक जीवन के बाद वह दूसरी शादी करता है तो इसका विरोध हाजरा करती है और वह अपना घर छोड़कर अपने पति से तलाक लेकर अपनी माँ के घर आकर सिलाई का काम करने लगती है । अंत में हाजरा का बेटा उसे अपने साथ ले जाता है । भारतीय

समाज में विवाह के बंधन को दो आत्माओं का मधुर संगम माना गया है । हमारे समाज में विवाह के संदर्भ में नारी को कोई स्वतंत्रता नहीं है । प्रस्तुत कहानी में हाजरा का विवाह उसकी इच्छा के विरुद्ध होता है । फिर भी हाजरा अपने पति के साथ वैवाहिक जीवन के सुख-दुख में भागी होती है । तीन बच्चों की माँ हाजरा वह अपने दो बेटियों की शादी कर देती है और तीसरा बेटा नौकरी करने दुबई चला जाता है । तभी मौका पाकर अल्ताफ दूसरी शादी कर लेता है । हाजरा को कानों कान पता नहीं चला जब वह दूसरी पत्नी घर लेकर आता है तो हाजरा क्रोध में अपने पति से तलाक लेकर अपने मायके चली जाती है । यहाँ गलती अलताफ की थी । हाजरा के विरुद्ध उसने शादी की थी । सजा हाजरा को भुगतना पड़ती है । भारतीय समाज में पुरुषों से ज्यादा स्त्रियों पर ही पारिवारिक शोषण होता है । पति के द्वारा अन्याय होने के बाद भी नारी को अपने परिवार वालों से सहायता नहीं मिलती । स्त्री स्वाभिमानी होती है । उसके साथ हुए अन्याय का वह विरोध करती है । अपने अस्तित्व को बनाएँ रखने के लिए जीवन से, समाज से, संघर्ष करती है । हाजरा की माँ एक दिन कहती है कि- "खुला मैदान छोड़कर आयी? तुम लड़कियाँ भी अजीब हो । जहाँ हक बनता है वह लेती नहीं हो, जहाँ लड़ना होता है वहाँ खामोश रह जाती हो और जहाँ कुछ भी नहीं करना होता वहाँ तूफान उठा देती हो? कभी-कभी तो लगता है कि जैसे तुमने ही मर्दों को बिगाड़कर रख दिया है । अपनी हेकड़ी में ।"[4] लेखिका का मानना है कि कुछ हद तक पुरुष के इस प्रकार के व्यवहार के लिए स्त्री ही करणीभूत है । स्त्री-पुरुष द्वारा होने वाले अत्याचारों, अन्यायों को चुपचाप झेलती है। भारतीय धर्म, शास्त्र, पुराणों के अनुसार स्त्री अंत तक परावलंबी है । बचपन में उसे माँ-बाप का सहारा, युवावस्था में बच्चों का सहारा चाहिए । नारी पर हर पुरुष हुकूमत चलाता है । पिता के रूप में, पति के रूप में और बेटे के रूप में । प्रस्तुत कहानी में हाजरा विवाह के उपरांत पति के आश्रय में जीती है और अंत में उसके बेटे के आश्रय में । लेखिका कहानी के अंत में कहती है कि- "आखिर उसका दूसरा वारिस आया था उसे लेने जिसको उसने खुद पैदा किया था । इस नयी हुकूमत की बागडोर अब वह छोड़ना नहीं चाहती थी ।"[5]

कहानीकार नासिरा शर्मा ने अपने कहानी साहित्य के द्वारा भारतीय समाज में स्त्री पर हो रहे अन्याय, अत्याचारों का पर्दाफाश किया है । उन्होंने सिर्फ नारी शोषण को ही नहीं दिखाया, बल्कि नारी मुक्ति का संदेश भी दिया है । अपनी प्रखर वाणी, सुदृढ़ भाषा के बल पर भारतीय समाज का चित्रण करने में सफल हुई हैं ।

संदर्भ ग्रंथ:

१. सोनल नंदनूरवाले-नासिरा शर्मा की कहानियाँ और नारी विमर्श- अन्नपूर्णा प्रकाशन.

२. नासिरा शर्मा- खुदा की वापसी- भारतीय ज्ञानपीठ, दिल्ली.

३. नासिरा शर्मा- दहलीज

संपर्कसूत्र-

डॉ. मनोज कुमार द्विवेदी

सहायक प्राध्यापक, द्वारका दास गोवर्धन दास वैष्णव कालेज, चेन्नई

[1] नंदनूरवाले, सोनल- नासिरा शर्मा की कहानियाँ और नारी विमर्श, पृ.सं.- ३१

[2] शर्मा, नासिरा- खुदा की वापसी, पृ. सं.- ५२

[3]शर्मा, नासिरा- दहलीज, पृ.सं.- ६७

[4]शर्मा, नासिरा- दहलीज, पृ.सं.- 163

[5]शर्मा, नासिरा- दहलीज, पृ.सं.- 165

6

ममता कालिया के कथा साहित्य में नारी-विमर्श

जगतापअर्चनातुळशीराम

ममताकालियाकाजीवनपरिचय :

हिंदी साहित्य जगत की विख्यात कथाकार ममता कालिया का जन्म २ नवम्बर १९४० में मथुरा, वृंदावन (उत्तर प्रदेश) में हुआ । प्रारभिक शिक्षा गाजियाबाद के कान्वेंट में हुई । इंदौर के विक्रम विश्वविद्यालय से सन् १९६१ में बी.ए. की तथा दिल्ली विश्वविद्यालय से सन् १९६३ में अंग्रेजी साहित्य में एम.ए. की उपाधि प्राप्त की । ममता कालिया की माताजी का नाम इन्दुमती तथा पिताजी का नाम श्री विद्याभूषण अग्रवाल था । ममता कालिया की शादी १२ दिसम्बर १९६४ में रवींद्र कालिया से हुई ।

साहित्यलेखन–

ममता कालिया के उपन्यासों मे बेधर, नरक दर नरक, प्रेमकहानी, एक पत्नी के नोट्स, दौड़, दुक्खम-सुक्खम ये उपन्यास है । कहानी संग्रह में छुटकारा, सीट नंबर छह, प्रतितदिन, उसका यौवन, जांच अभी जारी है, चर्चित कहानियाँ आदि महत्वपूर्ण रचनाएँ हैं । इनके साहित्य में आपके १३ कहानी संग्रह प्रकाशित हैं ।

नारी सभ्य समाज एवं परिवार रूपी इकाई का महत्वपूर्ण अंग है । परिवार के बिना संस्कार नहीं पनपते परिवार से ही व्यक्तित्व का निर्माण तथा पतन होता है । वासुदेव शरण अग्रवाल के मतानुसार स्त्री-पुरुष दोनों परिवार के मूल है । नदी के तटों की भाँति वह भी युक्त हैं । दोनों के बीच जीवन की धारा प्रवाहित होती है । वे दोनों होते भी एक है ।" एक परिवार के निर्माण में स्त्री-पुरुष दोनों की अहम

भूमिका होती है। सृष्टि में मनुष्य ने जब से बोलना सीखा है इसी के साथ उसने कहानी सुनना तथा कहना भी सीखा है। कहानी तो कालजयी है। अपने युग की संचेतना को सजीव रूप में अत्यन्त ही करून स्वर में मुखरित करने की, सृष्टि के आदि से चलने वाली यह प्रक्रिया सृष्टि के अनंत सतत् एवं निरंतर चलती रहेगी।

ममता कालिया एक ऐसी कथाकार है जिनकी प्रतिभा का लोहा सभी साहित्यकार मानते हैं। उन्होंने अपने कथा साहित्य में भारतीय संदर्भ में परिवार में स्त्री की दोयम दर्जे की स्थिति को बेहद ही संवेदनशील ढंग से चिचित किया है। हमारे समाज में चाहे संयुक्त परिवार हो या फिर एकल परिवार पुरुष सदा ही स्त्री को संपत्ति समझता रहा है। एक नारी के देह और मन पर पुरुष का आबाध अधिकार रहा है। वह अपनी इच्छानुसार उस पर नियंत्रण करना चाहता है। ममता कालिया ने अपने उपन्यास 'दुक्खम-सुक्खम' में विद्यावती के माध्यम से यह स्पष्ट किया है कि- "सीमित शिक्षा के बाद बावजूद उसमें सहज व्यावहारिक ज्ञान था की स्त्री के लिए घर परिवार एक किस्म का आजीवन कारावास होता है।" आगे विद्यावती कहती है- "मोय नाय मिलौं गांधी बाबा नही मैं पूछती च्यों जी तुमने सिर्फ आदमीयों को आजादी दिला दी, लुगाइयों को कब आजाद करोगे वह तो आज भी गु गुलाम है।

'दुक्खम-सुक्खम' उपन्यास में कवि और इंदु, प्रतिभा और मनीषा इस पात्रों को लेकर समाज की आधुनिकता का भी वर्णन इस उपन्यास में लेखिका ने किया है। इसमें ममता कालिया ने समाज में स्त्री ही स्त्री के खिलाफ कैसे होती है इसका वर्णन करते हुए उन्होंनेलिखा है कि इस उपन्यास की प्रमुख पात्र जो दादी है। वह इस परिवार की मुखिया है वह दूसरी पोती (मुन्नी) के पैदा होने से दुःखी होती है। जैसे ही डाक्टरजी ने सूचना दी कि अम्मा पोती हुई है मुबारक हों इसकी गहरी प्रतिक्रिया अम्मा में होती है। उनकी दशा का बयान करती ममता कालिया लिखती हैं- दादी का चेहरा पड़ गया अब तक ऑपरेशन थिएटर के दरवाजे से सटी खड़ी थी अब धम्म से बैंच पर बैठ गयी। उनकी आँखों के आगे अब अँधेरा छा गया, हलक में आँसूओं का नमक महसूस हुआ। उनकी छोटी लड़की भगवती साथ आयी थी वह भी माँ की हालत देख रुआँसी हो गयी। इनमे उसका भी कोंई दोष रहा हों धीरे-धीरे दादी की चेतना लौटी। वे उठकर अस्पताल के फाटक के बाहर निकल आयी तांगा तय किया भग्गों के साथ वापस मथुरा लौट ली। वृंदावन से इतनी निराश वह पहली बार लौटी थी।"

'बेघर' उपन्यास में परमजीत की बहन घरेलू कामकाज की अधिकता के कारण से अपनी व्यक्तिगत सफाई का ध्यान नहीं रख पाती ऐसे में वह शारीरिक रूप से

पीड़ित नज़र आती है। अतः उसका सिर जुओं से भरा रहता है और उसके हाथ से हर समय मसालों की गंध आती है। माँ मातृत्व का बोझ झेलती है और वह बच्चों के पालन घोषण में माँ का हाथ बटाती है। यही कारण है कि उसका स्कूल जाना अक्सर किसी कारणवश रुक जाता है।

'एक पत्नी के नोट्स' उपन्यास में कविता बात-बात पर मानसिक हिंसा का शिकार होती हुई दिखाई देती है। संदीप ने उसे प्रेम विवाह किया था पर कुछ समय के बाद वह अपनी पत्नी कविता पर लांछन लगाता है कि उसके संबंध घर के नौकर के साथ है। इस प्रकार की बातों से कविता मानसिक रूप से पीड़ित रहने लगती है।

इस प्रकार इस उपन्यास में ममता कालिया ने समाज में नारी का स्थान उसे अपने परिवार में ही इस प्रकार दुय्यम दर्जा दिया जाता है इसका वर्णन किया है।

ममता कालिया की कहानियों का केंद्रबिंदु नारी जीवन ही रहा है।- 'छुटकारा' ममता कालिया द्वारा लिखित पहला कहानी संग्रह है। जिसका प्रथम संस्करण सन् १९६९ में प्रकाशित हुआ था। 'छुटकारा' इस कहानी में अकेलेपन से त्रस्त नायिका की मनोदशा का मनोवैज्ञानिक चित्रण हुआ है। कहानी की नायिका अपने कालेज जीवन के मित्र बन्ना से मिलने जाती है। लेकीन उसे वह पहले जैसा नहीं दिखता गंभीर दिखता है। वह अपने प्रेम-संबधो में वैचारिक जटिलता का वह बोध महसूस करती है।

'साथ' कहानी में नायक अशोक और नायिका सुनंदा एक ही दफ्तर में काम करते है। सुनंदा नामक लड़की एक ऐसे व्यक्ति के साथ रहती है। सुनंदा एक आधुनिक लड़की है उसे अशोक के साथ घूमने फिरने में कोई आपत्ति नहीं है। ममता कालिया का दूसरा कथा संग्रह 'एक अदद औरत' है जो सन १९७५ में प्रकाशित हुआ इस संग्रह में कुल ४५ कहानियाँ हैं 'राएवाली' इस कहानी की नायिका कालिंदी बचपन से ही त्रस्त है। विवाह के पश्चात कालिंदी का नाम ससुराल में लक्ष्मी रखा जाता है। फिर वह राए की होने के कारण उसका नाम राएवाली पड गया। अपने पति से ज्यादा पढ़ी लिखी होने के बावजूद हमेशा उसको लताड़ सुननी पड़ती वह काम तो नहीं करता लेकिन रोब झाड़ता था। जब उसकी माँ का स्वर्गवास होता है तो उसे मायके जाने से रोका जाता है। उसे रोने भी नहीं दिया जाता। ऐसे स्त्री की मानसिकता का वर्णन ममता कालिया ने 'वह मिली थी बस में' कहानी में भी किया है इस कहानी का पात्र एक ऐसी स्त्री है जो विवाहित है। पति अधीनस्थ होने के बावजूद अपना परिवार अच्छे से संभालती है। फिर भी घर से बाहर निकलने के बाद वह पूरी तरह मानसिक चिंता से घिरी रहती है।

'फर्क नहीं' कहानी इस तथ्य कों सामने लाती है की लड़की को परिवार में बंदिशो का सामना करना पड़ता है। "वह मेरे यौवन का शिखर था। इसका पता मुझे अपनी अंदरूनी कार्यवाही से उतना नहीं चला था, जितना की बाहर रददो बदल से। कालेज से लौटकर एक दिन मैने पाया मेरे कमरे की खिड़की पर नीला पर्दा लटक रहा है। इसके साथ ही हरबंदी शुरू हो गई थी। रातोंरात घर मे मेरे लिए प्रति रक्षा कानून बनाकर जारी कर दिए गए थे।

'राजू' कहानी में विधवा बेटी परिवार में इसलिए उपेक्षित होती है, क्योंकि वह गरीब और विधवा नारी है। ममता कालिया का विचार है की हमारे समाज में पारिवारिक परिवेश की संरचना कुछ इस प्रकार की है कि उनमें नारी का अध्ययन और शिक्षा आदि के लिए उत्साहित तो किया जाता है, लेकिन उसके साथ ही नारी पर काम का दबाव भी आधिक पडता है और इसलिए उसकी शिक्षा अधूरी रह जाती है। वह अपनी पढ़ाई जारी नहीं रख पाती। 'बातचीत बेकार है' कहानी में लेखिका ने एक ऐसी पत्नी को प्रस्तुत किया है जो अपनी यंत्रवत जिंदगी से उब गई है। उसका पति नौकरी के लिए चला जाता है और वह घर में अकेली रह जाती है। वह नाम मात्र की गृह स्वामिनी बनकर रह जाती है। यहाँ तक कि कुछ वर्षो बाद उन्हें लगता है कि पति-पत्नी के बीच की बातचीत बेकार है, वह किसी काम का नहीं है ममता कालिया की 'तोहमत' कहानी आज के समाज की विकृत मानसिकता का परिचय देती है कि एक लड़की के अगर कपडे फटे हो अर्थात सामान्य व्यवस्था में न हो तो समाज एवं परिवार सभी के द्वारा उसे शक की दृष्टि से देखा जाता है। इस बात का वर्णन इस कहानी में किया है स्त्री सदैव घर की चार दीवारी के भीतर व बाहर हमेशा हिंसा का शिकार होती हुई अपना जीवन व्यतीत करती है। इसके विरुध्द यदि वह अपनी आवाज़ भी उठाती है तो समाज द्वारा उसे कुलटा, चरित्रहीन, आदि संज्ञाए देकर बहिष्कृत कर दिया जाता है। 'दर्पन' कहानी की प्रमुख पात्र बानी परिवार में अपनी दोयम दर्जे की स्थिती का उल्लेख इस प्रकार करती है।, "माँ ने संगम और अनुशासन के उपदेश देकर उसका जीना जंजाल बना रखा था। घर में मस्ती, सुस्ती के लिए कोई स्थान नहीं था। सारे नियम बानी के लिए ही थे सुबह - देर तक मत सोओ, रात देर तक मत जागो, शाम से पहले घर पहुँचो, अनजान आदमी से बात न करो। दादा इन नियमों से मुक्त थे। बानी, माँ का डर और सतर्कता समझती थी। इसलिए आश्वस्त न होते हुए भी इन नियमों के भीतर रहती है।"

निष्कर्ष -

इस प्रकार ममता कालिया ने अपनी कहानियों में नारी के जीवन के विविध पहलुओं को पाठकों के सामने प्रस्तुत किया है । ममता कालिया ने अनेक विधाओं में साहित्य सृजन किया है । इनके द्वारा कहानियों के अलावा साहित्य की अन्य विधाओं का भी सफलता से सृजन किया है । कविता, नाटक विधा में भी नारी के मन की अनेक भावनाओं का वर्णन किया है नारी के प्रति न्याय देने की कोशिश ममता कालिया ने अपने नाटकों में की है । उनके नाटकों में भी अनेक उपेक्षित महिलाओं को न्याय देने की सफल कोशिश कि गई है ।

संदर्भ ग्रंथ सूची

१) गोपाल राय - हिंदी उपन्यास का इतिहास

२) अंतरजाल से- शब्दब्रह्म - भारतीय भाषाओं की अंतराष्ट्रीय मासिक शोध पत्रिका

३) अंतरजाल से- ममता कालिया कि कथा साहित्य में नारी की पारिवारिक स्थिती- जोगिन्द्र

४) ममता कालिया - दुक्खम-सुक्खम

५) ममता कालिया - बेघर,

६) अंतरजाल से- डॉ. शंकरलाल पुरोहित - हिंदी में नारी विमर्श

७) डॉ. भारती रोल्के, साठोत्तरी लेखिकाओं की कहानियों में परिवार,

---

संपर्कसूत्र-

जगताप अर्चना तुळशीराम

सह-अध्यापिका- त्रिमूर्ती पावन प्रतिष्ठान,

नेवासा फाटा, ता. नेवासा जि. अहमदनगर

मो. ९७६६०४३८९९, ७६६६५८०६४०

ई-मेल archanajagtap852@gmail.com

7

वीरेन्द्र जैन के उपन्यासों में चित्रित नारी संघर्ष

के. प्रमीला

हिन्दी के बहुचर्चित उपन्यासों में वीरेन्द्र जैन महत्वपूर्ण स्थान रखते हैं । इनके पन्द्रह उपन्यास प्रकाशित हुए हैं- 'सुरेख-पर्व', 'डूब', 'पार', 'पंचनामा', 'दे ताली', 'गैल और गन', 'सुख-फरोश', 'तीन अतीत', 'सबसे बड़ा सिपहिया', 'शब्द-बध', 'अनातित'....आदि उपन्यासों में शिक्षित और अशिक्षित नारी के जीवन में संघर्ष को वीरेन्द्र जैन ने कई रूपों में चित्रित किया है जैसे दहेज-प्रथा, अनमेल विवाह, ससुराल में नारी का शोषण आदि । इस तरह अनेक संदर्भों में वीरेंद्र जैन द्वारा नारी संघर्ष का यथार्थ चित्रण प्रस्तुत किया है । विधवा, बाल-विवाह, अविवाहिता और अत्याचार की शिकार बनी नारी के जीवन में उत्पन्न समस्याओं पर इन उपन्यासों में प्रकाश डाला गया है और नारी के प्रति सहानुभूति प्रकट की गयी है । प्रेम-विवाह, अन्तर्जातीय विवाह और विवाह विच्छेद कि समस्या के नेपथ्य में नारी के जीवन में तान-तनाव अंकन करने में उपन्यासकार वीरेन्द्र जैन को सफलता मिली है । वीरेन्द्र जैन ने अपने उपन्यासों में नारी शोषण और नारी समस्याओं का चित्रण प्रस्तुत किया है । वीरेन्द्र जैन के नारी पात्रों को घर परिवार और समाज के बीच रहकर भिन्न स्थितियों और त्रासदियों का सामना करना पड़ता है । इसका चित्रण लेखक ने अपनी औपन्यासिक कृतियों द्वारा पाठक वर्ग के समक्ष प्रस्तुत किया है ।

वर्तमान समाज में प्रणय के नाम पर भी नारी को शोषण का शिकार बनाया जा रहा है । इतना ही नहीं पुरूष द्वारा स्त्री को उपेक्षित एवं तिरस्कृत किया जाता

है। आज के समय में मीडिया द्वारा इस प्रकार शोषण की खबरे दिन प्रतिदिन देखने को मिलती हैं। वीरेन्द्र जैन द्वारा रचित 'व्यथा-कथा' उपन्यास की नायिका लाजवंती अत्यंत सुंदर है जिसके प्रति उसके सहपाठी कर्ण के मन में आकर्षण एवं प्रेम भाव उत्पन्न होता है। एक दिन लाजवंती के घर में जब कोई नहीं था तब कर्ण लाजवंती से मिलने उसके घर आया। लाजवंती को अकेली और उदास बैठी देखकर कर्ण बोला- "चलो झील के किनारे तक घूम आते हैं।"[1] कर्ण पर विश्वास रखकर लाजवंती ने अपना तन-मन पूर्ण रूप से कर्ण को समर्पित कर दिया। इसलिए लाजवंती विवाह से पहले गर्भवती हो गयी। विवाह से पूर्व अन्य पुरुष के साथ संपर्क में आना महापाप माना जाता है। यह आने वाले सुन्दर भविष्य के नष्ट होने का कारण बन सकता है। वीरेन्द्र जैन के 'डूब' उपन्यास में भी प्रणय के नाम पर नारी का शारीरिक उपभोग करने का उदहारण देखा जा सकता है।

इस उपन्यास के केन्द्रीय पात्रों में एक है, कैलाश महाराज। वह एक पूजारी है। कैलाश महाराज ने चन्द्रभान की बिटिया अक्कल के साथ प्रणय के नाम पर शारीरिक शोषण किया। अक्कल गर्भवती हो गयी। चन्द्रभान ने अपनी बिटिया के भविष्य की चिन्ता करते हुए कैलाश महाराज को बताया कि आपका बच्चा मेरी कुँवारी बेटी के पेट में पल रहा है। यह सुनकर कैलाश महाराज क्रोधित हुए और उन्होंने अक्कल को स्वीकर करने से मना करते हुए अक्कल के पिता से कहा- "क्या कहता है यह मूरख। यह कैसे हो सकता है? कब कि बात है? किसने बताया तुझे?"[2] इतनी छोटी उम्र में अक्कल माँ बन गयी। जिसके कारण अक्कल का भविष्य नष्ट हो जाता है। प्रणय के समय ज्यादलितर पुरुषों का लक्ष्य स्त्री के साथ शारीरिक सम्पर्क स्थापित करना होता है। इसलिए वह स्त्री के साथ प्रणय दिखावा मात्र करके उसका शारीरिक उपभोग कर शोषण का शिकार बनाते हैं।

वीरन्द्र जैन कृत 'सबसे बड़ा सिपहिया' उपन्यास में नारी के ऊपर पुरुष आक्रमण का स्पष्ट चित्रण देखा जा सकता है। उपन्यास के अंतर्गत बीस-पच्चीस साल की एक युवती अपने घर के पास रह रहें शराबी गुंडों के आक्रमण से परेशान होती है। इसकी शिकायत करने के लिए वह एक प्रौढ़ महिला के साथ थाने पहुँच जाती है। युवती को देखकर डी.ओ साहब के मुँह से लार टपकने लगती है। डी.ओ साहब ने युवती से कहा- "यह बहुत बुरा हुआ, पर अब तुम्हें डरने की कोई जरूरत नहीं। पुलिस तुम्हारे साथ है।"[3]

थानेदार ने युवती से पूछा- "वह कितनी देर तुम्हारे पास रहा, तुम उस समय क्या कर रही थी।"[4] युवती ने बताया है कि- "मै बाहर ही चारपाई पर लेटी थी।"[5] थानेदार ने युवती के शरीर को स्पर्श करते हुए पूछा। "उस कमीने हराजमादे

ने बेंच पर लेटा दिया तो डी.ओ ने युवती के उरोजों को मसलकर, कभी गाल पर तो कभी कमर पर हाथ रगड़कर कभी गर्दन में हाथ फांसकर तो कभी उसके गाल से होठों-से-होठ सटाकर पूछा ऐसे भी किया था उसने ।"[6] युवती भय से बोली 'हाँ' डी.ओ ने हर कोण, हर पहलू से उसके शरीर का स्पर्श पालिया मगर उसके मन में अभी पूरी तरह भय नहीं था । उनकी समझ में नहीं आ रहा था कि अब वे क्या करें उसे छोड़ दे, उठ जाने को कहे, या क्या करें? जब तक मन तृप्त न हुआ तब तक उनके द्वारा यहीं क्रम दोहराया जाता रहा ।

समाज में स्त्रियों के प्रति आक्रमण दिन-प्रतिदिन बढ़ रहा है । लेखक ने स्पष्ट रूप से यह बताया है कि पुलिस थाने में भी आज स्त्री सुरक्षित नहीं हैं । वहाँ पर भी उसे शोषण का शिकार बनाया जा रहा है ।

वीरेन्द्र जैन द्वारा लिखित उपन्यासों में परित्यक्ता नारी का चित्रण देखा जा सकता है । उनके द्वारा रचित लगभग तीन उपन्यासों में परित्यक्ता नारी का चित्रण देखने को मिलाता है । उपन्यास 'सुरेख-पर्व' में परित्यक्ता नारी को दर्शाया गया है । इस उपन्यास की नायिका सुरेख एक अनाथ लड़की है । अनाथाश्रम में रहते समय उसके कमरे में अनाथाश्रम के अध्यक्ष का लड़का छिपा रहता था । पढ़ाई पूरी करने के बाद जब उसकी शादी हुई । तो पति के मन में उसके प्रति शंका उत्पन्न हुई । शंका के कारण पति ने सुरेख को छोड़ दिया । सुरेख ने बताया है कि- "पति ने उन्हें छोड़ दिया है । इतने दिनों तक वह अकारण ही उन पर अध्यक्ष के लड़के के साथ उनका याराना होने के दोष मढ़ता रहा ।"[7] इस समय सुरेख गर्भवती थी । सुरेख ने उस होने वाली संतान का वास्ता अपने पति को दिया तो पति ने कहा कि "जहाँ तुम्हारी माँ तुझे छोड़ आयी थी, तुम भी इसे वही छोड़ आना ।"[8] किन्तु दुर्भाग्यवश बच्ची मरी हुई पैदा हुई । सुरेख ने अपनी शेष जिंदगी अपने मायके या ससुराल में नहीं बितायी अपितु वह अनाथालय की व्यवस्थापिका के रूप में जीवन यापन करने लगी ।

वीरेन्द्र जैन के 'प्रतिदिन' उपन्यास में ससुराल पक्ष के द्वारा दी गई पीडाओं का अच्छा उदाहारण प्रस्तुत किया गया है । उपन्यास के नायक नरेन द्वारा प्रभा से बिना दहेज विवाह करना परिवार वालों को उचित नहीं लगा । इसी कारण प्रभा को ससुराल पक्ष द्वारा दी जाने वाली अनेक पीड़ाओं को सहन करना पड़ा । शादी के दूसरे ही दिन प्रभा और नरेन परिवार के साथ पहाड़ के ऊपर वाले मंदिर में दर्शन के लिए गए । मंदिर से नीचे उतरते समय प्रभा को चक्कर आने लगे । जिस पर ससुराल पक्ष द्वारा प्रभा को असाध्य रोग द्वारा ग्रसित बताया गया तथा उस पर किसी प्रेतात्मा का प्रभाव बताया गया । प्रभा को उसके पिता के घर छोड़ दिया गया

और प्रेतात्मा से छुटकारा पाने का फैसला लिया गया । बाद में ससुराल पक्ष की असहनीय पीडाओं से बचने केलिये प्रभा नरेन के साथ शहर चली गयी । लेकिन उधर भी ससुराल पक्ष द्वारा दी जाने वाली पीडायें प्रभा के लिए कम न हुई जैसे- एक दिन सास ने प्रभा से पूछा कि, "क्या बना रहीं है बहू? प्रभा ने उत्तर दिया आलू की सब्जी अम्मा" यह सुनकर अम्मा गुस्से से बोली- "नरेन तो आलू नहीं खाता था । क्या तूने सिखा दिया? यह तो बड़ी गलत बात है बहू, भला हम लोग अभक्ष कैसे खा सकते हैं? वैसे मसूर कि दाल तो होगी घर में वही बना दें ।"[9] ससुराल के इन सभी झगडों और पीड़ा देने के पीछे का मुख्य कारण प्रभा के बिना दहेज़ नरेन से विवाह करना है । वर्तमान समय में विवाह हेतु दहेज अनिवार्य माना जाता है । दहेज को वधु से अधिक महत्त्व प्रदान किया जाता है भले ही लड़की कितनी भी पढ़ी-लिखी, नौकरी पेशा तथा सुंदर व सुशील क्यों न हो ।

वीरेन्द्र जैन के 'अनातीत' उपन्यास में मध्यवर्गीय नारी संघर्ष का चित्रण देखा जा सकता है । इस उपन्यास की नायिका सुषमा मध्यवर्गीय पात्र है । जिसका विवाह बी.ए. अंतिम वर्ष की पढ़ाई करते समय हुआ । एक साल के दाम्पत्य जीवन के अंदर उसके पति की मृत्यु हो गई । पति के मृत्यु उपरांत ससुराल पक्ष द्वारा दिए जाने वाले कष्ट एवं अभावों को सुषमा को सहन करना पड़ा ।

वीरेन्द्र जैन कृत 'अनातीत', 'रुका हुआ फैसला' और 'पंचनामा' जैसे उपन्यासों में विधवा-समस्याओं पर प्रकाश डाला गया है । वीरेन्द्र जैन द्वारा 'अनातीत' उपन्यास को समाज में विधवा कि निसहाय एवं दयनीय स्थिति को अधर बनाकर रचा गया । 'अनातीत' की सुषमा वैधव्य की इसी पीड़ा को झेलती है । युवावस्था में ही उसका पति एक दुर्घटना का शिकार होकर मृत्यु को प्राप्त हो जाता है । अपने नन्हें बच्चे को पालने का दायित्व सुषमा के दुर्बल कंधों पर आ जाता है । पति की मृत्यु के बाद सुषमा को खाने-पीने, वस्त्र, बच्चे का खर्च आदि को वहन करने में अनेक कठिनाइयों का सामना करना पड़ता है । इन्हीं कठिनाइयों के कारण सुषमा ससुराल छोड़कर मायके में आकर रहने लगती है । बी.एड. की पढ़ाई पूरी कर वह एक स्कूल में अध्यापिका की नौकरी करने लगती है । 'अनातित' उपन्यास के अंत में विजय द्वारा सुषमा के समक्ष विवाह प्रस्ताव रखा जाता है परंतु विजय के परिवार के सदस्य इसका विरोध करते हैं क्योंकि उनका मानना है की विधवा से विवाह करना अशुभ कार्य है । विजय के पिताजी कहते हैं कि- "फिर मुझे क्यों कहते हो कि कछु अभी इरादा नहीं है शादी का? कल को जब शादी कर लोगे तब क्या जवाब दूँगा मैं लोगों को" विजय अपने पिता द्वारा रखे गए विवाह प्रस्ताव से हाथ झाड़ लेता है किंतु सुषमा के विधवा होने पर भी वह सहानुभूतिवश

उसके करीब पहुँचता है, एवं उसे ढ़ाँढस बंधाता है लेकिन समाज एवं परिवार की मान्यताओं को तोड़कर सुषमा को पुनः अपनाने का साहस नहीं कर पाता। लेखक ने अपने 'अनातित' उपन्यास में बताया की विधवा का जीवन शुरू से अंत तक दुःखमय ही रहा है।

वीरेन्द्र जैन द्वारा अपने उपन्यास में समकालीन नारी के संघर्ष का यथार्थ चित्रण प्रस्तुत किया गया है और उसे संवेदनात्मक रूप में चित्रित किया है। उपन्यासकार वीरेन्द्र जैन द्वारा अपने उपन्यासों के अंतर्गत नारी के बहिर्मुखी और अंतर्मुखी रूप का चित्रण प्रस्तुत किया गया है।

संपर्कसूत्र-

के. प्रमीला,
हिंदी विभाग, आँध्र विश्वविद्यालय,
विशाखापट्टनम, आँध्र प्रदेश
मोबाइल नं : ९१६०२२५५४५
ई-मेल- prameelakandrathi916@gmail.com

[1] जैन, वीरेन्द्र- व्यथा-कथा सं. पृ.सं. सं. १५९
[2] जैन, वीरेन्द्र- डूब सं. पृ.सं. सं. ८२
[3] जैन, वीरेन्द्र- सब से बड़ा सिपहिया सं. पृ.सं. सं. २५
[4] जैन, वीरेन्द्र- सब से बड़ा सिपहिया सं. पृ.सं. सं. २४
[5] जैन, वीरेन्द्र- सब से बड़ा सिपहिया सं. पृ.सं. सं. २५
[6] जैन, वीरेन्द्र- सब से बड़ा सिपहिया सं. पृ.सं. सं. २५
[7] जैन, वीरेन्द्र- सब से बड़ा सिपहिया सं. पृ.सं. सं. २५
[8] जैन, वीरेन्द्र- सुरेख-पर्व सं. पृ.सं. सं. ८६
[9] जैन, वीरेन्द्र- सब से बड़ा सिपहिया सं. पृ.सं. सं. १३८

8

अमृता प्रीतम की यादगारी कहानियों में नारी

* संतोष कांबळे ** पूनम शर्मा

भूमिका :

भारत में नारी को पूजनीय स्थान प्रदान किया जाता है। वह एक देवी की तरह प्रतिष्ठित है, वह त्याग और समर्पण की प्रतिमूर्ती मानी जाती है। वह हमारे जीवन में माँ, बहन, बेटी, प्रेमिका एवं पत्नी के समान नाना रूप धारण कर जीवन प्रदान करती है बल्कि जीवन को सहज एवं सरल बनाती है। अर्थात् पति सेवा, परिवार के लिए त्याग, मातृत्व आदि को अपना आदर्श मानकर जीवन यापन करती है। प्रत्येक क्षण प्रेम, समर्पण, सम्मान, आत्मबलिदान करते रहने की छवि का दूसरा पर्याय है नारी। ईश्वर की सर्वश्रेष्ठ रचना होने पर भी हमारे पुरूष सत्तात्मक समाज में उसे वह सम्मान प्राप्त नहीं होता जिसकी वह अधिकारी है।

अमृता प्रीतम ने अपनी कहानियों में स्त्री के विविध रूपों को दर्शाया है और उसके प्रति होने वाले अन्याय को भी उद्घाटित करने का सफल प्रयास किया है। उनकी रचनाओं में नारी केवल माँ, बहन, बेटी, प्रेमिका एवं पत्नी आदि पारिवारिक भूमिकाओं को अदा करने के साथ-साथ समाज के द्वारा अपमानित, शोषित एवं प्रताड़ित असहाय नारी की स्थिती को भी उजागर कर समाज को नारी हेतु विचार करने के लिए विवश कर देती है।

पारिवारिकभूमिकाअदाकरतीनारी

बालक की प्रथम पाठशाला परिवार होता है और सर्वप्रथम गुरु कि भूमिका माँ के द्वारा निर्वाह की जाती है। इतना होने पर भी जिम्मेदारी और कर्तव्य को निभाती हुई स्त्री क्यों उपेक्षित रह जाती है? स्त्री को व्यक्तिगत संपत्ति मानने वाले, उसकी आवश्यकताओं को समझ नहीं पाते फलस्वरूप नारी प्रेमविहीन जीवन यापन करती है।

पुरूष सत्तात्मक समाज के अंतर्गत स्त्री सदैव बंधनों में बंधी नज़र आती है। कभी बेटी के रूप में, कभी बहन के रूप में, कभी पत्नी के रूप में। हमेशा पुरूष समाज के द्वारा उसे अपनी अधिकार वस्तु के रूप में बंधनयुक्त रखा गया है। इतने बंधनों से युक्त होते हुए भी वह उफ्फ् नहीं करती तथा संपूर्ण दायित्वों का निर्वाह हँसते-मुस्कुराते हुए करती है परंतु जब कभी भी पुरुष सत्तात्मक समाज के द्वारा उसके अधिकारों का हनन किया जाता है, उस पर अत्याचार एवं शोषण की अति होती है तो वह अपना त्याग, समर्पण एवं बलिदानी रूप त्यागकर दुर्गा एवं चंडी का रूप धारण कर लेती है और अपने अधिकारों की प्राप्ति के लिए उठ खड़ी होती है। नारी के इन्हीं विविध रूपों का प्रकटीकरण हमें मूल रूप से अमृता प्रीतम की कहानियों के सार के रूप में दिखाई पड़ता है।

नारी को समाज की विवाह व्यवस्था एक बंधन में बाँध देती है। स्त्री जब तक बालिका के रूप में रहती है, तब तक तो माता-पिता तथा अन्य परिवारजनों की लाडली बनी रहती है, परंतु जैसे ही वह यौवन में प्रवेश करती है वैसे ही सबको यह चिंता सताने लगती है कि किसी प्रकार उसका विवाह कर उससे मुक्ति प्राप्त कर ली जाय। इसमें उसकी इच्छा-अनिच्छा के बारे में कभी नहीं सोचा जाता है। भारतीय परिवेश में स्त्री का अपना कोई स्वतंत्र अस्तित्व नहीं है। पुरूष सत्तात्मक समाज द्वारा प्रारंभ से ही नारी की मानसिकता ऐसी बना दी जाती है कि सदैव उसको अपने जीवन यापन हेतु पुरूष पर निर्भर रहना होगा। भले ही वह रूप कोई भी हो जैसे पिता, भाई, पति, पुत्र अथवा प्रेमी। विवाह जैसे अटूट संबंध को निर्धारित करते हुए भी उसकी राय नहीं ली जाती, इसी संदर्भ में अमृता प्रीतम की कहानी 'आम की बौर' की 'छमक' के संपूर्ण जीवन को रेखांकित किया जा सकता है, जहाँ वह अधिक पढ़ना चाहती है साथ ही मन-ही-मन वह रब्बी के प्रति प्रेमभाव भी रखती है, परंतु मौसी का कहना है कि जब तक छमक का विवाह नहीं होगा तब तक उसके भाई का भी विवाह नहीं हो सकता- "रब्बी बेटा! बात यह है कि 'छमक' के भाई का ब्याह तभी होगा, अगर छमक का होगा तो, हमारी ओर इसी तरह होता हैं।"[1]

इस तरह लड़की विवश होकर शादी करती है। उसे परंपरा का बोध अपने वश में कर लेता है। लड़की की इच्छा-अनिच्छा से उन्हे कोई मतलब नहीं होता। लड़के की सहमति और असहमति पर विवाह बंधन की आधारशिला रखी जाती है भले ही उस आधारशिला के नीचे लड़की की इच्छाओं का दम घुट रहा हो।

अमृता प्रीतम ने अपने साहित्य में स्त्री जीवन की सहज छवि को सृजनात्मक रूप में अभिव्यंजित करने का सफल प्रयास किया है। उनका नारी विमर्श स्वतः ही उनकी रचनाओं द्वारा यथार्थ रूप पाता है। इस संदर्भ में उनकी कहानियों का कथ्य व शिल्प एक विशिष्ट सौंदर्य दृष्टि को निर्मित करता है। उनकी कहानियों में पारिवारिक भूमिका व दायित्व को संभालती स्त्रियों कि एक विशिष्ट संवेदनात्मक, कारूणिक स्थिति के दर्शन होते हैं। इस संदर्भ में उनकी एक कहानी 'गांजे की कली' में गुलबत्ती अपने स्वार्थी पिता की महत्वाकांक्षाओं के तले अपनी इच्छा और प्रेम को समर्पित कर पारंपारिक दायित्व बोध को वहन करने के लिए स्वतः स्वीकार लेती है-

"रंगीलाल की औरत जब मर गई तो कचकौल प्रसाद ने इस मौके को जाने नहीं दिया। रंगीलाल कचकौल प्रसाद जैसा बड़ा माल गुज़ार नहीं था। पर कचकौल प्रसाद जानता था कि वह कारोबार में उससे भी बढ़कर था। बीस साल आयु का अंतर कचकौल प्रसाद की दृष्टि में कोई बड़ा अंतर नहीं था। उसने गुलबत्ती की सगाई रंगीलाल से कर दी।"[2]

इसी संदर्भ में एक और उदाहरण दृष्टव्य है- गुलबत्ती अपने परिवार की सुख-सुविधा के लिए इतनी समर्पिता है कि परिवार के समक्ष उसकी स्वयं की महत्वाकांक्षाएँ कोई महत्त्व नहीं रखती और यह जानते हुए भी की उसका होने वाला वर उम्र में उससे लगभग बीस साल बड़ा है वह विवाह के लिए ना चाहते हुए भी सहमति प्रदान करती है। भारतीय समाज में अधिकतर स्त्रियाँ परम्परानुसार दिए गए दायित्वों का निर्वाह करती हैं। इसे बड़े ही कलात्मक ढंग से कहानीकार ने अभिव्यक्ति प्रदान की है। यथा-

"समाज की बनाई हुई जाति मेल खा गई, पर गुलबत्ती के सपनों से सपनों की जाति न मिली, और गुलबत्ती रंगीलाल की गुड़गुड़ी में गांजे की कली के तरह सुलगने लगी।"[3]

नारी हर हालत में माँ-बाप की बात मानने के लिए स्वयं पारिवारिक शोषण का शिकार होती है। इस तरह न जाने कितने दायित्वों के बीच स्त्री सामंजस्य बिठाने की निरंतर कोशिश करती रहती है।

स्त्री हर वक्त पारिवारिक जिम्मेदारियों का भार वहन करती रहती है। घर में बैठ कर भी अपनी जिम्मेदारियों से पीछे नहीं हटती। ऐसे बहुत से पात्र अमृता प्रीतम की कहानियों में देखने को मिलते हैं- उनकी एक कहानी 'नीम भी बताशे बाँटती' की पारो भारतीय जीवन की एक ऐसी स्त्री का प्रतिबिंब है जो विवाह कर लाई, पारिवारिक दायित्व के बोझ से लदी, लेकिन जिस पुरूष से ब्याही गई है शादी के कई बरसों बाद भी उससे मिल नहीं पाई। इस बात को विचार किए बिना घर के अन्य लोगों की सेवा में अपना जीवन व्यतीत कर देती है। परिवार जब संकट से घिरा तो पारो ने देवर की मदद करने के लिए दहेज के रूप में लाए गए गहनों को भी सहज ही प्रसन्नता से समर्पित कर दिया। परिवार के समक्ष संकट की स्थिति का समाधान करते हुए पारो कहती है कि-"विवाह के समय मेरे बाप ने दहेज का दिखावा नहीं किया था, पर मेरी माँ का सारा गहना-जेवर उसने मुझे शादी के वक्त थमा दिया और पारो ने उठकर, अपने कपडों की तहों के नीचे रखी वह सोने के गहनों की पोटली अपने देवर के हाथ में पकड़ा दी...... ।"[4]

पारिवारिक दायित्वों को पूर्ण करते हुए कभी कभी स्त्री अपने स्वत्व को पहचानते हुए, कुंठित होकर परोक्ष रूप से अपने अस्तित्व की पहचान करवाती है। अमृता प्रीतम की 'नीम भी बताशे बाँटती' की पारो अपने देवर से सहज बातचीत में इस ओर संकेत करती है-

"अरे मैं तो कड़वी नीम हूँ, किस लिए बताशे बाँटू? मेरी छाया में तो परमात्मा ने क्या बैठना है, इंसान भी आकर नहीं बैठता...... ।"[5]

अतः उपरोक्त कथन से यह स्पष्ट होता है कि स्त्री भी मूलतः मानवी है उसका भी अस्तित्व समाज में कोई मायनें रखता है। यदि किसी स्त्री का पति ही परिवार में उसकी उपेक्षा करे तो यह उसके जीवन के लिए मरने जैसी स्थिती होती है। जिसे कहानीकार ने बखूबी स्पष्ट किया है।

बेटियों को अच्छा पति मिले उनका घर संसार अच्छा रहे यह हर माँ सोचती है। इतना ही नहीं अपने नातियों के बारे में भी सोचती है। अगर बेटी की गोद सूनी रह जाये तो माँ को दिन रात वही फिक्र सताती भी है। समाज में स्त्री का सबसे प्रशंसनीय रूप माँ का होता है। जिसे अमृता प्रीतम ने अपनी कहानी 'माँ शारदा' के रूप में अभिव्यंजित किया है। इस कहानी में स्वाति और उत्तरा की माँ जब अपनी बड़ी बेटी उत्तरा के संतान न होने से व्याकुल होती है और छोटी बेटी स्वाति से स्वप्न रूप में यह अभिलाषा रखती है कि वह अपने होने वाली एक संतान को उत्तरा को समर्पित कर दे। कहानी में माँ शारदा अपने पति से अपनी इस अभिलाषा को स्वप्न माध्यम से स्पष्ट करते हुए कहती है कि-

"अभी देखा कि स्वाति आई हुई है, पेट से है, इसी चारपाई पर पड़ी थी, जब उसके यहाँ बेटा पैदा हो गया। मैंने बच्चे को नहला-धुलाकर शहद की घुट्टी दी और फिर बच्चे को उत्तरा की झोली में डाल दिया...... ।"[6]

अमृता प्रीतम ने अपनी कहानी में स्वप्न को आधार बनाकर समाज के यथार्थ को बड़े ही कलात्मक ढंग से प्रस्तुत किया है। शारदा द्वारा देखा गया स्वप्न जब सामाज की वास्तविक घटना के रूप में परिवर्तित हो जाना ही वास्तव में सामाजिक यथार्थ को संवेदना और ममत्व प्रदान करता है।

माँ के इसी रूप को आगे और स्पष्ट करते हुए लेखिका ने शारदा के पति के माध्यम से कहलाती है कि-

"तुम्हें हर वक्त उत्तरा की फिक्र रहती है न कि उसके घर कोई बच्चा नहीं हुआ।"[7]

लड़की का पढ़ना न पढ़ना, उसका अकेले रहना यह सब कहीं-न-कहीं पुरूष ही निश्चित करता है। ऐसे में दायित्वों को निभाते माता-पिता एक ओर जहाँ अपनी बेटी की सुचिता को लेकर चिंतित हो जाते हैं वहीं दूसरी ओर बेटी का विवाह अच्छे घराने में हो इसका लोभ भी नहीं छोड़ पाते। 'न जाने कौन रंग रे' कहानी में अमृता प्रीतम ने इसी चिंता को दिखाया है-

"उस रात नानी ने मेरे पास बैठकर मुझे बताया कि मेरी माँ को एक यूसुफ नाम का लड़का बहुत अच्छा लगता था। और मेरे नानी ने सोच में गोता खाकर मुझे यह भी बताया कि 'खुदा ने उसे शक्ल भी यूसुफ की ही दी थी, और हलीमी भी। पर न जात मिलती थी न धर्म- मैं किस दरवाजे से उसे अन्दर लाती। एक बार मैंने उसे पिछले दरवाजे से अन्दर आते हुए देखा तो मैंने बेटी को अकेले में बैठाकर समझा दिया कि 'औरत का पाप फूल की तरह होता है, जो पानी में डूबता नहीं बल्कि तैरकर मुंह से बोलता है।"[8]

अतः उपरोक्त कथन से स्पष्ट होता है कि आज भी भारतीय समाज जात-पात, सांप्रदायिक वैषम्य से ग्रस्त है, जिसके परिणाम स्वरूप विवेच्य कहानी कि नानी अपनी बेटी का विवाह यूसुफ से कराने कि बजाय अपनी ही जाति के किसी अन्य पुरूष से करवा देती है नतीजा बेटी का देहांत शादी के एक वर्ष बाद ही हो जाता है। पारिवारिक दायित्वों से संबद्ध स्त्री अपनी आकांक्षाओं के विपरीत परिस्थितियों में तिल-तिलकर अपने को स्वाह कर देती है।

ऐसे ही माता-पिता लड़कियों के मन मे असुरक्षा भाव पैदा करते हैं। उन पर विश्वास भी नहीं करते लड़की के किशोरावस्था में आते ही उसकी हर बात और हर कदम पर शंका की जाती है। लड़कों से मिलने नहीं देते अगर लड़के से मिल भी

ले तो सावधान कर दिया जाता है। विवेच्य कहानी 'न जाने कौन रंग रे' में नानी अपनी नाती से इसी तरह की सावधानी रखने की बात करती है।

"एक दिन मेरे कालेज का एक सहपाठी मुझे मिलने केलिये आया। वह मेरे कमरे में बैठा था मेरे नानाजी घर पर आ गये। मेरी नानी ने मुझे बताया कि मेरे नानाजी को यह पसंद नहीं होगा कि मेरे कालेज का कोई लड़का मुझे मिलने के लिए घर आये। इसलिए मैंने उससे कुछ बातें करके उसे जल्दी से भेज दिया।"[9]

लड़की के मन पर असुरक्षा भाव नानी ने पैदा किया। वह ऐसा कोई कदम उठाना नहीं चाहती जिससे उसके नाना-नानी के दिल को ठेस पहुँचे और अपनी माँ की गलती को दोहराना नहीं चाहती।

"मुझे अपनी माँ का रोग मालूम हो गया था। मेरी नानी जो बात मुझे समझाना चाहती थी मैंने वह भी समझ ली। मुझे अपनी माँ वाले रोग से बचना था, इसाये मैंने कभी किसी को पिछला दरवाज़ा न खोला।"[10]

उपर्युक्त कथन से यह तथ्य स्पष्ट होता है कि पारंपारिक मर्यादा व आचार संहिता का पालन करवाने के लिए घर के बड़े बुजुर्ग सदैव तत्पर रहते हैं और युवा पीढ़ी को भूत के परिणाम से अवगत कर भविष्य के लिए सावधान करते हैं। विवेच्य कहानी कि नानी इन्हीं पारंपारिक मर्यादा के निर्वाह का प्रतीक है।

परंपराओं और रूढ़ियों के चक्कर में लड़की का जीना कठिन हो जाता है। परिवार की बात रखने के लिए जाने-अनजाने में ऐसी घटनाएँ घट जाती हैं जिससे एक लड़की का जीवन दायित्वों की बलिवेदी पर स्वाहा हो जाता है। 'कुदरत की करवटे' कहानी में मिन्ना और रवि की मोहब्बत को नकार कर मिन्ना के माता-पिता उसकी शादी कहीं दूसरी जगह कर देते हैं, तथा दुर्घटनावश मिन्ना के पति की मृत्यु हो जाने पर ससुराल में उसकी हालत बदतर हो जाती है-

"सुना कि मिन्ना जहाँ ब्याही थी, वहाँ उसके लिए अब जगह नहीं रही थी। सास-ननद की नज़र में इस बदनसीबी का कारण मिन्ना थी, और उसके सितारे, कि उसका इस घर में आना घर की बर्बादी का कारण हुआ और मिन्ना अब बेसहारा सी अपने मां-बाप के घर लौट आई थी....."[11]

उपरोक्त कथन से स्पष्ट होता है कि परिवार में किसी भी अप्रिय घटना के लिए स्त्री को ही दोषी ठहराया जाता है। विवेच्य कहानी कि मिन्ना की स्थिती कुछ इसी तरह की है। जहाँ माता-पिता अपने आर्थिक वैभव के कारण मिन्ना का विवाह उसकी इच्छा के विपरीत अपने जैसे किसी धनी कुल में कर अपने कर्तव्य से विमुक्त हो जाते हैं, वहीं दूसरी ओंर पति की मृत्यु का कारण मिन्ना को मानकर घर से निष्काषित कर दिया जाता है अतः ऐसे में स्त्री का कोई घर अपना नहीं है।

कहानी की मिन्ना इसी तथ्य को रेखांकित करती है।

कभी-कभी पुरूष की गलतियों की सज़ा नारी वहन करती है। उसे क्षमा कर उसकी भूल को अपना लेती है- 'वक्त की परछाइयां' कहानी में पति की गलती को पत्नी माफ करके उसे और उसके किए गए अपराध को भी सहज स्वीकार लेती है-

"मैं खुद नहीं जानता, वह सब कैसे हुआ, लेकिन हो गया, तो पीछे लौटने का रास्ता नहीं था। एक औरत थी। लगा था कि उससे मुहब्बत करने लगा हूँ। लेकिन वह सपना- सा टूट गया, जब वह मुझसे जाने रोज का कितना पैसा मांगने लगी, यहाँ तक कि उसके लिए मुझे एक मकान भी खरीदना पड़ा।"[12]

निष्कर्ष-

स्त्री में ममत्व, करूणा, दया, प्रेम, बलिदान, त्याग एवं समर्पण अधिक होता है। इसलिए वह पुरूष के हर अत्याचार, बुराई को स्वतः ही स्वीकार लेती है। नारी परिवार के प्रति अपना दायित्व बखूबी निभाती हुई अपने अस्तित्व को खोती जा रही है। पुरूष सत्तात्मक समाज में हर रूप में वह समय-समय पर शोषण का शिकार बनी है।

नारी को अपने अधिकारों के लिए स्वतः प्रयास करना होगा तथा शोषण के विरूद्ध विद्रोही स्वर अपनाना होगा। तभी वह अपनी अस्मिता को कामय रखने मे सफल हो सकेगी। ईश्वर की सर्वोत्कृष्ट रचना का गौरव प्राप्त नारी किसी भी परिवार की रीढ़ की हड्डी के समान है। जिसके होने पर ही एक मकान घर का रूप धारण करता है और घर मंदिर का। जब ईश्वर ने नारी को हर रूप में पूजनीय स्थान प्रदान किया है तो ईश्वर द्वारा बनाए गए पुरूष वर्ग द्वारा वह प्रताड़ना, शोषण, अपमान एवं तिरस्कार की अधिकारी कैसे हो सकती है? अतः आवश्यकता है नारी को उसके अधिकारों से अवगत कराने की तथा उसकी मानसिकता वर्तमान समय के अनुकूल परिवर्तित करने की जिससे वह भी पुरूष के समान कंधे से कंधा मिलाकर सुखी एवं संपन्न जीवनयापन कर सके। इन सभी पक्षों को अमृता प्रीतम द्वारा अपनी समर्थ लेखनी द्वारा बखूबी पाठक वर्ग के समक्ष सशक्त रूप में उद्घाटित किया है।

संपर्क सूत्र-

* संतोष कांबळे

शोधार्थी, पीएच.डी. (हिंदी),

कवयित्री बहिणाबाई चौधरी उत्तर महाराष्ट्र विश्वविद्यालय, जलगाँव

महाराष्ट्र

** पूनम शर्मा
शोधार्थी, पीएच.डी. (हिंदी),
उच्च शिक्षा और शोध संस्थान,
दक्षिण भारत हिंदी प्रचार सभा मद्रास

[1] *अमृता प्रीतम- अमृता प्रीतम की यादगारी कहानियाँ- पृ.सं.- ४२.*
[2] *अमृता प्रीतम की यादगारी कहानियाँ- पृ.सं.- १०३-१०४.*
[3] *अमृता प्रीतम की यादगारी कहानियाँ- पृ.सं.- ४३.*
[4] *अमृता प्रीतम की यादगारी कहानियाँ- पृ.सं.- ८६.*
[5] *अमृता प्रीतम की यादगारी कहानियाँ- पृ.सं.- ९१.*
[6] *अमृता प्रीतम की यादगारी कहानियाँ- पृ.सं.-७४.*
[7] *अमृता प्रीतम की यादगारी कहानियाँ- पृ.सं.-७५.*
[8] *अमृता प्रीतम की यादगारी कहानियाँ- पृ.सं.-१४९-१५०.*
[9] *अमृता प्रीतम की यादगारी कहानियाँ- पृ.सं.-१४९.*
[10] *अमृता प्रींतम की यादगारी कहानियाँ- पृ.सं.-१५०.*
[11] *अमृता प्रीतम की यादगारी कहानियाँ- पृ.सं.-१३६-१३७.*
[12] *अमृता प्रीतम की यादगारी कहानियाँ- पृ.सं.-१२५*

9

डॉ. बानो सरताज के साहित्य में चित्रित बाल-विमर्श

प्रा. श्री. सोनार ज्ञानेश्वर भगवंत

साहित्य को समाज का दर्पण माना जाता है। समाज का प्रतिबिंब हमें साहित्य में देखने को मिलता है। साहित्य समाज के नवनिर्माण में भी महत्त्वपूर्ण भूमिका निभाता है। साहित्य समाज को संस्कारित करने के साथ-साथ जीवन मूल्यों की भी शिक्षा देता है। साहित्य अतीत से प्रेरणा पाकर, वर्तमान को चित्रित करते हुए भविष्य का मार्गदर्शन करता है। इस दृष्टि से देखा जाय तो हिंदी का बाल साहित्य काफी समृद्‍ध है। हिंदी का बाल साहित्य केवल मनोरंजनपरक ही नहीं है बल्कि वह नैतिक, सामाजिक और मानवीय मूल्यों से ओतप्रोत है। बाल साहित्य बच्चों को जीवन की वास्तविकता से परिचित कराता है। उन पर उचित संस्कार कर उनके चरित्र निर्माण में भी महत्त्वपूर्ण भूमिका निभाता है। बाल साहित्य न केवल बच्चों की कल्पना को पंख लगाने का काम करता है बल्कि उनके चिंतन और मनन के क्षितिज का भी विस्तार करता है। विख्यात बाल साहित्यकार डॉ. बानो सरताज का बाल साहित्य इन सभी मूल्यों से परिपूर्ण है। बाल साहित्य के अंतर्गत उन्होंने कहानी, कविता, एकांकी, उपन्यास, नाटक, व्यंग्य आदि कई विधाओं में लेखन-कार्य किया है। उनका साहित्य निश्चित रूप से बच्चों के लिए दिशादर्शक है।

डॉ. बानो सरताज की एकांकी 'अनमोल तोहफा' बच्चों का न केवल मनोरंजन करती है बल्कि उनका उचित संस्कार भी करती है।

एकांकी का प्रमुख पात्र फकीरा चूड़ीवाला हमेशा अपने गधे से बात करता रहता । हमेशा वह अपने गधे को 'आप-जनाब' कहकर संबोधित करता था । जब स्कूली लड़कों ने उसे गधे के साथ बातें करते हुए देखा तो उसे पागल समझा । तब शिक्षक विद्यार्थियों से कहते हैं कि हम इस बारे में उनसे ही जाकर पूछते हैं । तब फकीरा चूड़ीवाला बताता है कि मेरा चूड़िया बेचने का व्यवसाय है । महिलाओं से ही हमारा लेन-देन रहता है । अगर उनके सामने मुँह से कोई गलत शब्द निकल गया तो कितनी बुरी बात होगी । इसलिए हम गधे को 'आप-जनाब' कहकर संबोधित करते हैं । तो उस समय शिक्षक विद्यार्थियों को समझाते हैं कि व्यक्ति की पहचान भाषा से होती है । हमें अपनी जबान पर काबू रखना चाहिए । बच्चें बड़ों का अनुकरण करते हैं । हमारा व्यवहार बच्चों को प्रभावित किए बिना नहीं रहता । बचपन में बच्चों पर उचित संस्कार किए जाय तो बच्चें संस्कारक्षम बनते हैं । उनके व्यक्तित्व में निखार आता है ।

उनकी दूसरी एकांकी 'शिवाजी का इनाम' में बाल मन की संवेदनशीलता का बहुत ही सुंदर चित्रण किया है । मालोजी के पिता छत्रपति शिवाजी महाराज की सेना में सैनिक थे जो शिवाजी महाराज की रक्षा करते हुए वीर-गति को प्राप्त हुए थे । पिता की मृत्यु के बाद परिवार की बहुत दुर्दशा हुई । परिवार बेसहारा हुआ था । राजा की तरफ से परिवार को कोई सहायता नहीं मिली थी । बीमार माँ का इलाज करने के लिए मालोजी के पास पैसे नहीं थे। उस समय उसके मन में शिवाजी महाराज के प्रति क्रोध उत्पन्न हुआ था । उस समय उसके मन में विचार आता है कि शिवाजी महाराज वीर-गति प्राप्त सैनिकों के परिवारों की सहायता नहीं करते हैं । क्रोध में आकर वह शिवाजी महाराज के शत्रु सुभानराय से मिलकर थोड़े-से लालच में आकर उनकी हत्या करने को उतारू होता है । पकड़ जाने पर उसे मृत्युदंड की सजा सुनाई जाती है । उस समय उसे माँ के दर्शन कर आने की अनुमति दी जाती है । जब वह माँ से मिलता है तो माँ उसे कहती है कि तुम एक वीर सिपाही के पुत्र हो, जिन्होनें युद्ध में शत्रुओं का सामना करते हुए प्राणों का बादान दिया था । तुम भी अपने पाप की सजा उसी वीरता से स्वीकार करो । छत्रपति शिवाजी महाराज और अपनी माँ को दिए वचन के अनुसार वह मृत्युदंड की सजा पाने के लिए दरबार में उपस्थित हो जाता है । यह एकांकी हमें कर्तव्य का बोध करती है ।

डॉ. बानो सरताज की कोई भी रचना हो उन्होंने अपनी हर रचना के माध्यम से बच्चों को संस्कारक्षम बनाने का सार्थक प्रयास किया है । उनकी कहानी 'मम्मी ना बोली' बहुत ही दिलचस्प और रोचक कहानी है । तीन वर्ष के फारुक मियाँ घर में सब के लाडले थे, पर उनको यह एक आदत लगी थी कि वे हर बात का जवाब

'मम्मी ना बोली' देते थे। उनकी इस आदत से सब परेशान थे। तो दादी एक तरकीब निकलती है। एक दिन जब उन्होंने अपने पापा और चाचा को स्कूटर से बाहर जाते हुए देखा तो उन्होंने कहा कि हम भी आप के साथ चलेंगे। तो दोनों ने कहा कि 'मम्मी ना बोली'। फारुक मियाँ को बाहर न ले जाना, धूप लग जाएगी। जब घर में सभी ने 'मम्मी ना बोली' कहकर उनका पत्ता काटना शुरू किया तो फारुक मियाँ ने हमेशा के लिए 'मम्मी ना बोली' को तिलांजलि दे दी। प्रस्तुत कहानी में लेखिका ने बाल मनोविज्ञान का बहुत ही सुंदर चित्रण किया है। बच्चें बड़े संवेदनशील होते हैं। हमारा व्यवहार उन्हें प्रभावित किए बिना नहीं रहता।

डॉ. बानो सरताज की 'बड़ा कौन?' एक उपदेशमूलक कहानी है। इस कहानी में लेखिका ने एक नई सजी-धजी बस और रेलगाड़ी(मालगाड़ी) का उदाहरण दिया है। बस को अपने रूप और गति पर गर्व था। उसने रेलगाड़ी को लाल-काली, मटमैली कहकर अपमानित किया। तो उस समय रेलगाड़ी ने उसे समझाने की कोशिश की कि, भले ही मैं तुम से रंग-रूप में कम सही, मेरा अपना एक अस्तित्व है। घमंड करना अच्छी बात नहीं है। कुछ समय बाद बस को एक रेल फाटक पर रुकना पड़ा। उसने देखा कि उसी मालगाड़ी की वजह से उसे रुकना पड़ा। उस समय मालगाड़ी ने उसे कोई ताना नहीं मारा कि मेरी वजह से तुम्हें रुकना पड़ा। बस को अपनी गलती का एहसास हुआ। उसने माना की बड़ा वही होता है जो मन से बड़ा होता है।

उनकी कहानी 'ईमानदारी का फल' एक शिक्षाप्रद कहानी है। सबा और अजित विद्‍यालय के बहुत ही प्रतिभाशाली, मेहनती और मेधावी छात्र थे। उनके स्कूल में एक सत्र में चार परीक्षाएँ होती थी। पहली परीक्षा में जो छात्र प्रथम आता था उसे एक पदक दिया जाता था। दूसरी परीक्षा में भी वह छात्र प्रथम आता तो वह पदक उसी की धरोहर होता। यदि कोई दूसरा छात्र प्रथम आता तो वह पदक उसे सौंप दिया जाता। सबा आरंभ की एक-दो परीक्षाओं में प्रथम क्रमांक प्राप्त कर लेती पर वार्षिक परीक्षा में अजित से पीछे रह जाती। सातवीं कक्षा की पहली दो परीक्षाओं में अजित ने प्रथम क्रमांक प्राप्त कराया तो सबा हतोत्साहित हुई। तब उसके माता-पिता ने उसे चींटी का उदाहरण देकर समझाया कि काम कितना ही कठिन क्यों न हो प्रयत्न करने पर सफलता जरूर मिलती है। तीसरी सत्र परीक्षा में सबा ने जी-जान से पढ़ाई कर प्रथम क्रमांक प्राप्त कराया। परीक्षा-फल घोषित होने के बाद जब सबा ने उत्तर पत्रिका में देखा कि शिक्षिका की गलती से उसे अजित से चार अंक अधिक प्राप्त हुए है। तो उसने आपने पिता से सलाह ली और शिक्षिका को सबकुछ बात दिया। अजित से कहा की तुम परीक्षा में प्रथम आए हो। शिक्षिका ने

सबा की ईमानदारी की प्रशंसा की । अजित ने भी सबा की ईमानदारी से खुश होकर मुख्याध्यापक जी से सबा के अंक कम न करने के लिए प्रार्थना की । मुख्याध्यापक जी ने सबा की ईमानदारी और अजित की विशाल हृदयता को देखकर दोनों को प्रथम क्रमांक का अधिकारी घोषित किया । इस प्रकार बचपन में बच्चों को सच्चाई और ईमानदारी की राह पर चलने की शिक्षा मिलती है तो वही बच्चे आगे जाकर उत्तम नागरिक बन जाते हैं ।

उनकी 'खुल जा सिम-सिम' कहानी जिज्ञासावर्धक कहानी है । अपनी इस कहानी में उन्होंने वस्तु, फल और खाद्‌यपदार्थों से जुड़ी जानकारी दी है । बचपन में बच्चों में कुछ नया सीखने की तीव्र इच्छा होती है । बचपन में अगर उन्हें रोचक तरीके से सामान्य ज्ञान दिया जाए तो वह जीवनभर उनके मानसिक पटल पर रहता है ।

इस प्रकार डॉ. बानो सरताज का बाल साहित्य भविष्य की दिशा तलाशते बच्चों के लिए प्रेरणादायी है, दिशादर्शक है । उन्होंने अपने बाल साहित्य में कहीं भारत की उज्जवल न्याय प्रणाली के दर्शन कराए हैं तो कहीं गुरु महिमा का बखान किया है । साथ ही उनके साहित्य में धार्मिक सहिष्णुता, राष्ट्रीय एकता, नैतिकता, वैज्ञानिक दृष्टिकोण तथा हमारे संविधान में निहित समता-स्वतंत्रता का भाव देखने को मिलता है । उनका साहित्य बच्चों को कुछ नया करने तथा नया सोचने के लिए प्रेरित करता है । बचपन की आयु संस्कार ग्रहण करने की होती है । आज बच्चे अपनी संस्कृति और परिवेश से दूर जा रहे हैं । मोबाईल, टेलीविजन के कारण बच्चें विविध मनोरोगों का शिकार हो रहें हैं । संवाद की कमी बढ़ती जा रही है। ऐसे समय डॉ. बानो सरताज का बाल साहित्य बच्चोंरूपी कच्ची मिट्‌टी को आकार देने का कार्य कर रहा है । उनका बाल साहित्य प्रासंगिक है और आज उसकी उपदेयता और बढ़ गई है ।

संदर्भसूची

१) इक्कीस एकाँकी : डॉ.बानो सरताज

२) ४१ बाल कहानियाँ : डॉ. बानो सरताज

३) खुल जा सिम-सिम : डॉ. बानो सरताज

संपर्कसूत्र-

प्रा.श्री.सोनार ज्ञानेश्वर भगवंत.
श्री.शिव छत्रपती महाविद्‌यालय जुन्नर
जि.पुणे.४१०५०२(महाराष्ट्र)

मोबाईल:९९७०९६१३२६
E-Mail : dnyaneshwarsonar37@gmail.com

10

प्रेमचंद की कहानियों में दलित-विमर्श

भरवाड आनंद नरसिंहभाई

प्रस्तावना :

बौद्ध काल से ही साहित्य में दलित वर्ग की उपस्थिति रही है, किंतु एक आँदोलन के रूप में दलित साहित्य बीसवीं सदी की देन है। दलितों के जीवन और उनकी समस्याओं को केंद्र में रखकर हुए साहित्यिक आँदोलन को दलित साहित्य कहते हैं। स्वतंत्रता पूर्व भारत में दलितों की सामाजिक और आर्थिक स्थिति अत्यंत दयनीय थी। स्वतंत्रता काल में इनकी स्थिति में थोड़ा बहुत परिवर्तन आया। दूसरी और स्वतंत्रता पूर्व के साहित्यकारों ने दलितों की व्यथा-कथा को बड़ी संवेदना के साथ उभारने का सफल प्रयास किया था।

प्रेमचंद की कहानियों में दलितों के प्रति संवेदना और उनमें चेतना उत्पन्न करने का अनुरूप चित्रण देखने को मिलता है। इसलिए प्रेमचंद दलितों के पक्षधर माने जाते हैं। ओमप्रकाश वाल्मीकि के दिए गए मंतव्य दृष्टव्य हैं-

"प्रेमचंद हिंदी साहित्य में महान कथाकार है। भारतीय जीवन का जो रूप गाँव में बसता है, उसे चित्रित करने में प्रेमचंद एक कुशल चितेरे है, जो किसान और मजदूरों के हिमायती के रूप में प्रख्यात है। लेकिन जब दलित जीवन पर कलम चलाते हैं तो हिंदू समाज में दलितों के प्रति जो सोच और दृष्टिकोण हजारों साल से मौजूद है, प्रेमचंद भी उस से मुक्त नहीं हो पाते।" "हिंदी दलित साहित्य वह है, जो दलित मुक्ति के सवालों पर पूरी तरह अंबेडकरवादी है। सामाजिक, राजनीतिक और आर्थिक क्षेत्रों में उसके सरोकार वे ही है जो अंबेडकर थे। दलित साहित्य से

अभिप्राय उस साहित्य से है जिसमें दलितों ने स्वयं अपनी पीड़ा को रूपायित किया है । अपने जीवन संघर्ष में दलितों ने जिस यथार्थ को भोगा है, दलित साहित्य उनकी उसी अभिव्यक्ति का साहित्य है । यह कला के लिए कला का नहीं, बल्कि जीवन का और जीवन की जिजीविषा का साहित्य है । इसलिए कहना न होगा कि वास्तव में दलितों के द्वारालिखा गया साहित्य हर दलित साहित्य की कोटी में आता है ।"

प्रेमचंद को हिंदी के प्रगतिशील साहित्यकार के रूप में जाना जाता है । हिंदी समीक्षों ने उन्हें उपन्यासकार सम्राट कहा है, लेकिन मैं उन्हें कहानी सम्राट ही कहूँगा, क्योंकि प्रेमचंद ने उपन्यास की तुलना में कहानियाँ ज्यादालिखी हैं । मुलतः ये कहानियाँ आम आदमी को केंद्र में रखकर हीलिखी गई हैं । प्रेमचंद स्वयं दीन-दलित पर होने वाले अत्याचारों के साक्षी रहे हैं इसलिए उनकी कहानियों में ऊपरी चिंतन की भूमि स्वाभाविक और हर युग में प्रासंगिक है । इसमें कोई संदेह नहीं कि उनकी ३०० से भी ज्यादा कहानियाँ हिंदी साहित्य की अमर और अमूल्य निधि हैं ।

२१वीं सदी के प्रारंभ में ही विमर्श के दौर में दलित विमर्श अधिकांश साहित्यकारों का प्रिय विषय बन गया । आज के दौर में दलित विमर्श साहित्यकारों में सबसे अधिक चर्चा का विषय बना हुआ है । किंतु आज दलित विमर्श को लेकर चर्चा में उतरे रचनाकारों को पता होना चाहिए कि इस चर्चा की नीव वर्षों पहले मुंशी प्रेमचंद ने रख दी थी । प्रेमचंद एक ऐसे प्रगतिशील लेखक थे, जिन्होंने नायक के परंपरागत मानदंडों को खंडित कर एक आम आदमी को नायक का दर्जा दिया है । उन्होंने प्रसंगानुसार दलितों को अपनी कहानियों में स्थान दिया, उनकी अधिकांश कहानियाँ दलित वर्ग से संबंधित हैं, जैसे कि उनकी प्रथम दलित कहानी 'ठाकुर का कुआँ' है । प्रेमचंद का 'मानसरोवर' कहानी संग्रह है । उसमें लगभग ३०० कहानियाँ हैं ।

उसमें कुछ दलित कहानियाँ भी हैं, जिसके नाम यहाँ दर्शाए गए हैं- 'अनाथ लड़की', 'अपनी करनी', 'अमृत', 'अलग्योझा', 'आखरी तोहफा', 'आधार', 'आल्हा', 'इज्जत का खून', 'कर्मों का फल', 'शूद्रा', 'सौभाग्य के कोड़े', 'लांछन', 'घासवाली', 'विध्वंस', 'कफन', 'ज्योति' जैसी आदि दलित कहानियाँखी हैं ।

दलितविमर्श :

'ठाकुर का कुआँ' प्रेमचंद की प्रथम दलित कहानी है । इसमें जोखू एवं उसकी पत्नी गंगी निम्न जाति के पति-पत्नी हैं । बीमार जोखू के लिए उसकी पत्नी गंगी सड़ा-गंदा पानी भर लाती है, किंतु जोखू तीव्र बदबू के कारण पानी नहीं पी सकता

। प्यास से उसका गला सूखा जा रहा है, लेकिन गंगी दलित और अस्पृश्य होने के कारण ठाकुर और साहू के कुओं से पानी नहीं भर सकती । जोखू की तड़प गंगी से देखी नहीं गई और वह ठाकुर के कुएँ से पानी लाने का निर्णय करती है, परंतु जोखू अपनी पीड़ा और लाचारी को व्यक्त करते हुए कहता है,- "हाथ-पांव तुडवाएगी और कुछ ना होगा, बैठ चुपके से । ब्राह्मण देवता आशीर्वाद देंगे, ठाकुर लोग मारेंगे, शाहजी एक के पांच लेंगे, गरीबों का दर्द कौन समझता है? हम तो मर भी जाते हैं तो कोई द्वार पर झांकने नहीं आता कंधा देना तो बड़ी बात है । ऐसे लोग कुएँ से पानी भरने देंगे? जोखू के इन शब्दों में समाज की कड़वी सच्चाई छिपी है । अस्पृश्यता दलितों के लिए अभिशाप बन गया है । इस सामाजिक व्यवस्था से पीड़ित, शोषित गंगी ठाकुर के कुए पर पहुँचकर अपना घड़ा तो कुएँ में डाल देती है, लेकिन अचानक ठाकुर का दरवाजा खुलते ही हाथ में पकड़ी रस्सी को छोड़कर भाग जाती है । इस प्रकार कहे तो दलित नारी कितनी ही संकल्पबद्ध और विद्रोही क्यों ना हो जाए, किंतु परंपरागत हिंदू रिवाजों के विरुद्ध कभी नहीं जा सकती । उच्च वर्ग के सामने दलित वर्ग की हिम्मत आखिर टूट ही जाती है ।

'सौभाग्य के कोड़े' इस कहानी की भंगी नथुआ अपनी जाति की दुहाई देता पढ़ा-लिखा नहीं रहता बल्कि कठिन परिश्रम करता हुआ आगे बढ़ जाता है, कि वहाँ उसकी जाति पूछने वाला कोई नहीं होता अर्थात रुपये-पैसे और प्रतिष्ठा के आगे उसकी जाति है । नथुवा राय साहब के घर झाड़ू-पोछा करने का काम किया करता था । एक दिन रत्ना के पलंग पर लेटने की गुस्ताखी कर बैठता है । परिणाम स्वरूप राय साहब उसे हंटर से इतना मारते हैं कि नथुवा को अपने प्राण बचाने के लिए वहाँ से भागना पड़ता है । नथुवा सोचता है कि कहाँ जाऊं? कहीं कोई सिपाही पकड़कर थाने ले जाए । मेरी बिरादरी के लोग तो वहाँ रहते हैं । क्या वह मुझे अपने घर रखेंगे? कौनसा बैठकर खाऊंगा काम तो करुंगा । बस किसी का हाथ पीठ पर रहना चाहिए । यह सोचकर वह भंगियो के मोहल्ले में पहुंच जाता है । वहाँ उसे आश्रय भी मिला और उन्नति का अवसर भी । फिर उसने पीछे मुड़कर कभी नहीं देखा । अठारह साल की कड़ी मेहनत ने उसे ना.रा.आचार्य बना दिया । यूरोप यात्रा के बाद लखनऊ में उसकी मुलाकात रायसाहब और रत्ना से होती है । उसकी प्रगति को देखकर रायसाहब नथुवा को अपना जमाता बना देते हैं । अब राय साहब के मन में नथुवा की जाति को लेकर कोई छोह नहीं है । इस कहानी में प्रेमचंद ने दलित जाति को कड़ी मेहनत के द्वारा ऊपर उठने का संदेश दिया है, नई आशा जगाने का प्रयत्न किया है, वर्णव्यवस्था जन्मपर नहीं, कर्म पर आधारित होती है । हम अच्छे कर्मों से समाज में पद-प्रतिष्ठा भी पा सकते हैं, और आज के युग में यही

सबसे बड़ी आवश्यकता है ।

'शूद्र' नामक कहानी में गंगा और गौरा दो नारी पात्र है । दोनों शुद्र नारियों के बीच मां-बेटी का रिश्ता हैं । गंगा कहार जाति की विधवा औरत है, तो गोरा उसकी सुंदर और जवान बेटी । पड़ोस के गाँव का मगरू गोरा को पसंद करके विवाह सूत्र में बांध लेता है और बाद में गोरा की जाति को लेकर पछताता है । एक बार अपने बहनोई के द्वारा इस बारे में धिक्कारे जाने पर मगरू गोरा को छोड़कर चला जाता है । गोरा की त्रासदी का आरंभ तो उस समय शुरू होती है जब कलकत्ते में एक बूढ़ा ब्राह्मण उसे जहाज में बैठाकर ऐसे स्थान पर पहुंचा देता है जहाँ स्त्री को मात्र भोग-विलास का साधन ही समझा जाता है । जहाज पर यात्रियों के नामाखने वाला मगरू है । मगरू की नजरों में गोरा आज भी देवी है । इसलिए गोरा को अंग्रेजों की नजर से बचाकर उसकी रक्षा करना चाहता है, परंतु एजेंट साहब की सत्ता और हंटर की मार उसे मजबूर बना देती है । गौरा आज भी मगरू को अपना पति मानती है, इसलिए उसका भला चाहते हुए गोरे एजेंट के साथ रहना मंजूर कर लेती है । मगरू इस बात को समझ नहीं सका और फिर से दलित गौरा के प्रति मन में संदेह करता है । अतः मगरू गौरा को शूद्रा करार देता है । दूसरी ओर मगरू के संदेह से गौरा का मन आहत होता है । इस आक्षेप से आहत गौरा वही नदी में कूदकर आत्महत्या कर लेती है ।

किसी के अंतर्मन को पढ़ने की भी पात्रता चाहिए, मात्र अभिजात वर्ग में जन्म लेने से पात्रता नहीं आ जाती शूद्र गौरा में कितनी स्वच्छ एवं भावात्मक ऊंचाई है, लेकिन मगरू का मान अंतर्मन गोरा के मन पर संदेह का ऐसा आघात पहुंचाता है कि इसका कोमल हृदय सह नहीं सकता और अंत में गौरा आत्महत्या को मजबूर हो जाती है ।

'कफन' प्रेमचंद की यथार्थवादी दृष्टिकोण से लिखी सर्वश्रेष्ठ कहानी है । प्रेमचंद ने इस कहानी के पात्र घीसु और माधव द्वारा चमार जाति की आर्थिक दुर्दशा का जीवंत चित्र खींचा है । चमारों का कुनबा गाँव भर में बदनाम है । माधव की पत्नी प्रसव वेदना से पछाड़ खा रही है, चित्कार रही है, जिससे माधव और घीसु का कोई लेना देना नहीं है । बुधिया को जीवन पर्यंत तो नवीन वस्त्र प्राप्त न हो सका, किंतु मृत्यु पर्यंत भी उसके लिए कफन की व्यवस्था ना हो सकी । इस प्रकार कहे तो बुधिया बदकिस्मत दलित नारियों का प्रतीक है । जिनके लिए कफन खरीदने की शक्ति भी दलितों में नहीं होती । भूख व्यक्ति का ज्वलंत और सभी भावनाओं से महत्वपूर्ण समस्या है । भूख मनुष्य की पहली चिंता का कारण भी है इसलिए दोनों कफन के पैसे से भरपेट खाना खाते है और मदिरालय मे

जाकर मदिरा पीते हैं । दरअसल उनकी दीनता के लिए हमारी समाज व्यवस्था को कारणभूत मानते हुए प्रयाग राम मेहतालिखते हैं- घीसू और माधव के जीवन की स्थितियाँ ही उनको मनुष्यता से वंचित कर रही है । युगों से शोषण, युगों की भुखमरी और शताब्दियों के दारिद्रय ने इनके दिलों की कोमलतम धड़कन को दबा दिया है । प्रेम, दया, करुणा, आत्म-सम्मान, मातृत्व आदि समस्त मानवीय गुण इनकी दोजक की आग में भस्म होते जा रहे हैं । सामाजिक व्यवस्था ने घीसू और माधव से उनकी मनुष्यता को छीन कर इन्हें पशु से भी बदतर बना दिया है ।

निष्कर्ष:

इस प्रकार प्रेमचंद के द्वारा लिखी गई इन कहानियों मे कूट-कूट कर दयनीयता का यथार्थ चित्रण किया गया है । मुंशी प्रेमचंद खुद एक ग्रामीण परिवेश से सबंधित हैं, और उन्होंने गरीब और दलित समाज की दयनीय दशा एवं अत्याचार-शोषण को बहुत ही नजदीक से देखा है । प्रेमचंद के दलित चिंतन के आधार पर कहें तो दलितों पर अत्याचार और दयनीय भरी स्थिति और दुर्गति के जितने भी कारण मिलते हैं उनमे शोषण, अत्याचार, अशिक्षा, अज्ञानता प्रमुख हैं ।

संदर्भ ग्रंथ सूची

१. कंवल भारती दलित साहित्य की अवधारणा

२. लोकमंच पत्रिका

३. प्रेमचंद का कथा साहित्य : दलित चिन्तन के परिप्रेक्ष्य मे - डॉ. अर्चना घोटे - अमन प्रकाशन ,कानपुर

४. मानसरोवर भाग-१-ठाकुर का कुआँ,

५. मानसरोवर भाग-३ - सौभाग्य के कोड़े,

६. मानसरोवर भाग- २- शूद्र

७. कफन कहानी मुंशी प्रेमचंद

संपर्क सूत्र-

भरवाड आनंद नरसिंहभाई

गाँव : अमरभारती, मोटी पावठी

तहसील: देहगाँव, पिन :३८२३०८

जिला : गांधीनगर, पोस्ट : मोतीपुरा

मो: ९४२८०६१९५१,

E-mail:anandbharwad820@gmail.com

11

हिंदी साहित्य में दलित व्यथा

भूमिका

अनेकता में एकता का परिचय देता हमारा भारतवर्ष विश्वगुरु की संज्ञा से शोभायमान विश्व के समस्त देशों के सम्मुख एक मिसाल कायम करता है जहाँ विभिन्न धर्म, जाति, संप्रदाय, भाषा, लिंग, रीति-रिवाज, खान-पान और वेशभूषा व संस्कृति को मानने वाले लोग एक साथ मिलकर रहते हैं। भारत में मुख्य रूप से चार धर्मों के मानने वाले निवास करते हैं- हिंदू, मुस्लिम, सिक्ख और इसाई। इनमें से हिंदुओं अर्थात हिंदू धर्म के मानने वाले सर्वाधिक हैं जिनकी बहुलता के कारण व सिंधु घाटी सभ्यता से उत्पत्ति के कारण भारतवर्ष को हिंदुस्तान के नाम से भी जाना जाता है। वैदिक काल में यह चार वर्णों में विभक्त था जिसे वर्ण व्यवस्था के रूप में जाना जाता है। वैदिक काल में हिंदू समाज चार वर्णों अर्थात ब्राह्मण, क्षत्रिय, वैश्य तथा शुद्र में विभाजित हुआ। इन चारों वर्णों में अर्थात ब्राह्मण वर्ण को उच्च स्थान प्रदान किया गया तथा इन्हें समाज में सर्वाधिक आदर, मान, प्रतिष्ठा एवं सम्मान प्रदान किया गया इनका निर्णय सर्वोपरि माना जाता था तथा ये वेदाध्ययन व पठन-पाठन संबंधित कार्य करते थे दूसरी ओंर शुद्रों की स्थिति समाज में निम्नवत् मानी जाती थी तथा इस शुद्र वर्ण का अहम् कर्तव्य अपने से उच्च तीनों वर्णों की सेवा-सुश्रुषा करना था। समय के साथ-साथ इन वर्णों के बीच की खाई और अधिक बड़ी व गहरी होती गई उच्च वर्ण अधिक उच्च व धनाढ्य बन गया तथा निम्न वर्ण और अधिक निम्न व दयनीय जीवन यापन को मजबूर होता गया। समय परिवर्तन के साथ-साथ शुद्र वर्ण से विविध जाति-उपजातियों

का निर्माण हुआ जिन्हें दलित की संज्ञा से अभिभूत किया जाने लगा।

दलित शब्द का अर्थ है जिसका दलन अर्थात उत्पीड़न किया गया हो। वर्ण व्यवस्था के विभाजन के फलस्वरूप शुद्र वर्ण को घृणाप्रद दृष्टि से देखा जाने लगा उसे समाज में प्रताड़ित व अपमानित किया जाने लगा तथा उच्च वर्ग के लिए उसकी छाया अर्थात् परछाई से भी परहेज व्यक्त किया गया। इस वर्ग के अंतर्गत क्रमशः अवहेलित जाति, जनजाति अर्थात् पिछड़े हुए, रौंदे हुए लोग सम्मिलित थे जो कष्टमय जीवन यापन के लिए मजबूर व बेबस थे। इस वर्ग के अंतर्गत शुद्र अर्थात् दलित वर्ग में अनुसूचित जाति, जनजाति, मजदूर, किसान एवं भूमिहीन आदि को सम्मिलित किया गया तथा कठिन से कठिन कार्य करने की पूर्ण जिम्मेदारी का भार इन्हीं पर होता था जिसका निर्वाहण करना इनके लिए अनिवार्य था ऐसा न करने पर कठोर दंड की व्यवस्था की गई थी। इस संदर्भ में आरती झा कहती हैं- "दलित शब्द का सामान्य अर्थ है- दरिद्र और उत्पीड़न। इसका अर्थ दबा, कुचला, अपमानित और प्रताड़ित प्राणी होता है। आज 'दलित' का अर्थ अनुसूचित जातियों और जन जातियों के रूढ़ अर्थ में होने लगा है। जिसका दलन व दमन हुआ ही, दबाया गया हो, जो उत्पीड़न शोषित, सताया, गिराया, उपेक्षित, घृणित, रौंदा, मसला, कुचला, विनिष्ट, मर्दित, पस्त, हतोत्साहित और वंचित हो वह दलित है। दलित किसी जाति या धर्म का कोई शब्द नहीं है। वह कोई भी हो सकता है। शुद्र हो, स्त्री हो या अन्य कोई भी हो।"[1] अर्थात् समाज के समस्त घृणाप्रद व हेय कार्यों को करने वाला दलित माना गया है। जिसे कठोर गंदे कार्य करने हेतु विवश किया गया है।

ओमप्रकाश वाल्मीकि द्वारा लिखित आत्मकथा 'जूठन' में उत्तर प्रदेश के 'बरला गाँव' में रहने वाले 'चूहड़' जाति के जीवन के विषय में लिखा है। "साहित्य में नर्क की सिर्फ कल्पना है। हमारे लिए बरसात के दिन किसी नारकीय जीवन से कम न थे। हमने इसे साकार रूप में जीते-जी भोगा है। ग्राम्य-जीवन की यह व्यथा हिंदी के महाकवियों को छू भी न सकी। कितनी वीभत्स सच्चाई है यह।"[2] फसल कटाई के समय बरला गाँव के श्रमिकों को इक्कीस पूली पर एक पूली मजदूरी के रूप में प्राप्त होती थी जिससे एक किलो से भी कम अन्न की प्राप्ति होती थी ऊपर से लधाई की बेगार अलग से। इस विषय पर दलित चिंतक सुभाष चंद्र ने लिखा है- "गाँव का सारा कारोबार व संस्कृति खेती आधारित है, जिस वर्ग के पास जमीन का मालिकाना हक है, वही वहाँ मुख्य शक्ति है, बाकी सब उन पर ही निर्भर है। दलितों को साल-भर अपने जानवरों का पेट भरने के लिए चारा लेने और अपना पेट भरने के लिए भू-स्वामियों पर निर्भर रहना पड़ता है।"[3] 'जूठन'

आत्मकथा में वाल्मीकि द्वारा किया गया वहाँ की दलित जाति की स्थिति का वर्णन उनकी दयनीय स्थिति का व्याख्यान कहा जा सकता है उनके द्वारा ही गाँव में मरने वाले पशुओं को उठाने व उनकी चमड़ी उतारने का कार्य किया जाता था और इसी प्रकार के बहुत से कार्य थे जिन्हे वह पूर्ण करता था और बदले में उचित पारिश्रामिक मिलने की उम्मीद न के बराबर ही थी यथा- "गाँव में चकबंदी चल रही थी। कोई बड़ा अफ़सर आने वाला था। हमेशा की तरह भंगी-बस्तियों में एक सरकारी कर्मचारी आया। साफ-सफाई के लिए कुछ लोगों की जरूरत थी, जिसके बदले कोई पैसा ना मजूरी मिलने की उम्मीद थी। बेगार थी यह हमेशा की तरह।"[4] समय-समय पर दलितों को आधार बनाकर हिंदी साहित्य के अंतर्गत अनेक रचनाकारों जैसे- मुंशी प्रेमचंद, फणीश्वरनाथ 'रेणु', अमृतलाल नागर, गिरिराज किशोर, निराला, धुमिल, नागार्जुन आदि ने अपनी समर्थ लेखनी का प्रयोग कर दलित व्यथा को समाज के बुद्धिजीवी पाठक वर्ग के समक्ष प्रदर्शित किया।

भक्तिकाल के अंतर्गत संत कबीर व संत रैदास को हिंदी साहित्य में दलितों का अग्रदूत माना गया है। कबीर दास जाति-पाति का खंडन करते हैं तथा निम्न व दलितों की स्थिति को देख उनका ह्रदय क्रंदन कर उठता है। वस्तुतः हिंदी दलित कविता मध्यकाल के निर्गुण संत कवि रैदास और कबीर से प्रारंभ होकर 'हीरा डोम' और 'अछूतानंद' तक आयी।

'धरती धन न अपना' दलितों के जीवन यथार्थ पर केंद्रित एक सफ़ल उपन्यास है जिसके अंतर्गत जगदीश चंद्र ने पंजाब के घोडेवाहा गाँव की चमादड़ी अर्थात् चमार बस्ती में रहने वाले दलित परिवारों की दुख-दुर्दशा, शोषण, उत्पीड़न व अपमान को प्रकट करते हुए उन्होंने लिखा है- "मेरी चमारों की सामाजिक स्थिति कहीं नहीं जा सकती, चमादड़ी, मुहल्ले, गाँव के अन्य मुहल्लों- महाजनों नंबरदारी, गव्वयों, भेदियों, मिट्ठो व चुनौतियों के मुहल्ले से अलग गाँव से बाहर की ओंर बनाया गया है। दलित लोग जहाँ रहते हैं, जिस जमीन पर उनका घर है, यह उनका अपना नहीं है यह सम्मिलित की जमीन है। जिस जमीन पर उनका घर है उस पर उनका कोई अधिकार नहीं है। वे लोग छोटे और कच्चे मकान में रहते हैं। पूरे मुहल्ले में एक भी ऐसा कोणा नहीं था जिसमें पक्की ईंट लगी हो। पिछली बरसात के बाद इनकी अभी पोताई नहीं की गई थी इसलिए वे कमजोर और उनकी दीवारे खुरारी नज़र आ रही थी।"[5] गाँव के दलित वर्ग को दूध व लस्सी आदि भीख के रूप में ही मिल सकती थी, चौधरी से दूध, लस्सी आदि चीज़ें खरीदी नहीं जा सकती तभी तो पैसे होने के उपरांत भी काली अपनी चाची के लिए पाव भर दूध नहीं ला पाया क्योंकि चमारों को दूध बेचना चौधरियों की शान के खिलाफ़ है- "तेरी अक्ल

ठिकाने है कि नही? गरीब हूँ तो क्या हुआ, चौधरी तो हूँ चमार के हाथ दूध बेचूंगा तो गाँववाले क्या कहेंगे?"[6]

'तिरस्कृत' आत्मकथा के अंतर्गत साहित्यकार सूरजपाल चौहान स्वयं लिखते हैं कि उनका जन्म एक भंगी परिवार में हुआ परंतु जाति के दंश से बचने के लिए उन्होंने अपने नाम के साथ चौहान गौत्र जोड़ दिया। अपने संस्कृत पढ़ाने वाले अध्यापक वेदपाल शर्मा को याद कर वह बताते हैं कि वे मुझे समय-समय पर जाति का ओछापन याद दिलाते रहते। मैं तड़प उठता था उस द्रोणाचार्य की बात सुनकर एक दिन अपने साथी अध्यापकों से मेरी ओंर संकेत कर उसने कहा- "यदि देश के सारे चूहड़े-चमार पढ़-लिख गए तो गली-मौहल्लों की सफ़ाई और जूते बनाने का कार्य कौन करेगा?"[7]

इसी प्रकार हिंदी साहित्य के अंतर्गत कहानियों के माध्यम से भी दलित विमर्श को अभिव्यक्ति प्रदान की है जिसके अंतर्गत ओमप्रकाश वाल्मीकि द्वारा रचित 'सलाम' व 'घुसपैठिय', मोहनदास नैमिशराय की 'आवाजें' सूरजपाल चौहान की 'नया ब्राह्मण' श्योराज सिंह 'बेचैन' द्वारा रचित 'भरोसे की बहन' जयप्रकाश कर्दम द्वारा रचित 'तलाश', 'खरोंच', सुशीला टाकभौरे द्वारा रचित 'टूटता वहम', 'अनुभूति के घेरे' एवं 'संघर्ष' प्रमुख दलित विमर्श को व्यक्त करती महत्त्वपूर्ण हिंदी कहानियाँ मानी जाती हैं।

ओमप्रकाश वाल्मीकि की कहानियों की रचनात्मक संरचना को उद्घाटित करते हुए आलोचक हरपाल सिंह अरूण ने लिखा है- "इनकी कहानियाँ दलित समाज के भीतर कसमसाने वाले विरोध को उभरकर आने वाली संवेदना को और सहज मान ली गई भारतीय जातिवादी संरचना की मनोवैज्ञानिकता को रेखांकित करती है।"[8] स्वतः रचनाकार ओमप्रकाश वाल्मीकि द्वारा अपनी कहानियों के विषय में कहा गया है कि- उनकी संवेदनशीलता और जज़्बातों को गैर दलितों ने हमेशा अनदेखा किया है। उनके प्रति दुर्भावनापूर्ण व्यवहार किया है, उनकी मानवीय संवेदना के प्रति साहित्य का नज़रिया भी नकारात्मक ही है। उनका सुख-दुःख उनकी पीड़ा साहित्य के लिए त्याज्य ही रहा है, लेकिन यह मेरी प्राथमिकताओं में है, समाज में स्थापित विद्रुपताओं को रेखांकित करना मैं जरूरी मानता हूँ। साथ ही दलित अस्मिता की पहचान मेरे लेखन की मूलभूत जरूरत है।

'पच्चीस चौका डेढ़ सौ' कहानी शिक्षा के महत्व को दर्शाती है। 'जिनावर' कहानी द्वारा समाज में नारियों पर होने वाले अत्याचार को उजागर किया गया है तथा इस अत्याचार के विरोध में इन नारियों द्वारा शोषण के विरूद्ध आवाज़

भी बुलंद करने को दर्शाया गया है, 'खानाबदोश' तथा 'अम्मा' कहानियों के द्वारा दलित स्त्री-संघर्ष को सजीवता प्रदान करते हुए दलित समाज की विद्रुपता, कष्ट, पीड़ा व शोषण को प्रकट किया गया है। 'सलाम' कहानी द्वारा समाज में विद्यमान ब्राह्मणवाद एवं सामंतवाद को रेखांकित किया गया है जहाँ संतान प्राप्ति न होने का सही डॉक्टरी जाँच कराने की बात कहती है। परंतु विरम उस पर बिफर पड़ता है और कहता है- "साली मुझमें खोट निकाल रही है..... टुकड़े-टुकड़े करके जमींन में गाड़ दूँगा..... जा दफा हो जा मेरे सामने से.... ।"[9]

'अम्मा' एवं 'खानाबदोश' कहानियों में दलित-स्त्री-संघर्ष की यथार्थ स्थिति को उजागर किया गया है। 'जिनावर' कहानी के माध्यम से स्त्रियों पर होने वाले अत्याचार को चित्रित किया गया है। मोहनदास नैमिशराय की कहानी 'दर्द' व 'वसुधा' त्रैमासिक पत्रिका के जुलाई-सितंबर २००३ में प्रकाशित हुई। 'दर्द' कहानी के अंतर्गत हरभजन नामक युवक की गाथा है जो उच्च शिक्षित है तथा पिता की मृत्यु के पश्चात् उच्च पद की प्राप्ति की उम्मीद लगाये हुए है परंतु उच्च पद के स्थान पर उसे प्राप्त होता है तो अपमान, तिरस्कार, प्रताड़ना एवं लाँछन। ऑफिस का बागे उससे कहता है कि "चपरासी के बेटे होकर चपरासी नहीं बनोगे तो क्या लाट-साहब बनोगे?"[10] इस प्रकार इन कहानियों के अंतर्गत दलित यातना की निर्ममता का वर्णन मिलता है जिसका उद्घाटन संपूर्ण दलित साहित्य के अंतर्गत देखने को मिलता है।

निष्कर्ष-

भारतीय समाज के अंतर्गत प्रधानतः हिंदू समाज है। छूआछूत की भावना मुख्यतः हिंदुओं में रही है जहाँ चार वर्णों में समाज का विभाजन सामाजिक कार्यों को उचित रूप से करने व समाज को जोड़ने के उद्देश्य से किया गया था वह सामाजिक विद्रुपता के रूप में उभरकर सामने आया।

निःसंदेह समय-समय पर विद्वानों एवं रचनाकारों के द्वारा समाज को दलित समाज की स्थिति एवं समस्या का यथार्थ रूप दर्शाया गया एवं उनकी स्थिति में सुधार एवं उनकी समस्याओं के समाधान हेतु प्रयास किये गये हैं जैसे- दलित रचनाकार ओमप्रकाश वाल्मीकि द्वारा रचित कहानियाँ दलित वर्ग की मानवीय संवेदनाओं के समस्त पक्षों को उद्घाटित करने वाली यथार्थ कथाएँ प्रतीत होती हैं जो दलित समाज की समस्याओं को मुद्दों के रूप में पाठकों के समक्ष रखती है। महाराष्ट्र राज्य में सन् १९७० के दशक में दलित पँथर राजनीतिक दल द्वारा समाज के इस शोषित वर्ग हेतु दलित शब्द का बहुत प्रचार किया गया एवं समाज का ध्यान इनकी स्थिति की ओंर प्रवृत्त किया गया तथा उनकी स्थिति में सुधार एवं

उनकी समस्याओं का यथासंभव समाधान प्रस्तुत करने का पुरजोर प्रयास जारी है ताकि वे भी समाज में अन्य वर्गों के समान अधिकार एवं सम्मान प्राप्त करने हेतु सक्षम हो सके क्योंकि ईश्वर ने सभी को समान बनाया है तो ईश्वर की अनुपम कृति उच्च व निम्न कैसे हो सकती है? अतः सभी को एक-दूसरे के प्रति समानता का भाव अपनाना चाहिए।

संदर्भग्रंथसूची-

१. झा, भारती- भारत में दलित साहित्य एवं दलित चेतना (नव विकास शोध विशेषांक),

२ वाल्मीकि, ओमप्रकाश -'जूठन',

३. सुभाष चंद्र- अनुभव से चिंतन,

४. जगदीश चंद्र- धरती धन न अपना,

५. चौहान, सूरजपाल- तिरस्कृत,

६. सिंह, हरपाल- ओमप्रकाश वाल्मीकि की कहानियों में सामाजिक लोकतंत्र,

७. वाल्मीकि ओमप्रकाश- सलाम,

८. (संपा.) कामताप्रसाद- वसुधा,

संपर्कसूत्र-

पूनम शर्मा

टी.जी.टी.- हिंदी,

बी.एम. गेंज गर्ल्स सीनियर सेकेंडरी स्कूल, दिल्ली

[1] *झा, भारती- भारत में दात साहित्य एवं दात चेतना (नव विकास शोध विशेषांक), पृ.सं.- ६०*

[2] *वाल्मीकि, ओमप्रकाश -'जूठन', पृ. सं.- ३५*

[3] *सुभाष चंद्र- अनुभव से चिंतन, पृ.सं.-३३*

[4] *वाल्मीकि, ओमप्रकाश - जूठन, पृ.सं.-५१*

[5] *जगदीश चंद्र, धरती धन न अपना, पृ.सं.- १५*

[6] *जगदीश चंद्र, धरती धन न अपना, पृ.सं.- १५*

[7] *चौहान, सूरजपाल- तिरस्कृत, पृ.सं.- १३*

[8] *सिंह, हरपाल- ओमप्रकाश वाल्मीकि की कहानियों में सामाजिक लोकतंत्र, पृ.सं.- ०७*

[9] *वाल्मीकि ओमप्रकाश- सलाम, पृ.सं.- ६५*

[10] *(संपा.) कामताप्रसाद- वसुधा, पृ.सं.- २१३*

12

दलित आत्मकथा ओं में व्यक्त ग्रामीण-जीवन एवं शहरी-जीवन

डॉ. पवन कुमार मिश्रा

ग्रामीण जीवन का यथार्थ शहरी जीवन के यथार्थ से भिन्न होता है। वहाँ के रीति-रिवाज़, संस्कृति, परम्पराएँ, रहन-सहन का स्तर, धार्मिक मान्यताएँ आदि शहर की अपेक्षा काफी अलग होते हैं। गाँव में किसान-ज़ामींदार संघर्ष है, तो शहरों में मज़दूर-मालिक संघर्ष। बेगार की समस्या भी दोनों जगह है। साहित्य की सभी विधाओं में गाँव एवं शहर की विभिन्न समस्याओं को लेखकों ने पूरी ईमानदारी से दिखाया है। दलित आत्मकथाकारों ने भी ग्रामीण-जीवन एवं शहरी-जीवन की तल्ख सच्चाईयों को बेबाकी के साथ अपनी आत्मकथाओं में प्रस्तुत किया है। कुछ समस्याएँ गाँव एवं शहरों में समान रूप से विद्‌यमान हैं। इनमें से प्रमुख हैं-जाति के आधार पर शोषण की समस्या। गाँव की तुलना में शहर में शिक्षा का उच्च-स्तर मौजूद होने के बाद भी वहाँ वर्ण-विषमता की समस्या दिखाई देती है। जाति की परछाई हमेशा व्यक्ति के साथ रहती है, इस सत्य को दलित लेखकों ने स्वयं भोगा है एवं अपनी आत्मकथाओं में अभिव्यक्त किया है।

आत्मकथा 'जूठन' में ओमप्रकाश वाल्मीकि ने ग्रामीण समाज के यथार्थ को आलोचनत्मक दृष्टि से प्रस्तुत करने का प्रयास किया है। उन्होंने उत्तर-प्रदेश के 'बरला गाँव' के हाशिए पर रहने वाले 'चूहड़' जाति के संघर्षमय जीवन को चित्रित किया है। गाँव में दलित-वर्ग के साथ होने वाले सामाजिक-आर्थिक शोषण के

संदर्भ में लेखनी चलाने के बाद लेखक ओमप्रकाश गाँव में प्राकृतिक आपदाओं के प्रभाव के सम्बंध में लिखते हैं, ''साहित्य में नर्क की सिर्फ कल्पना है । हमारे लिए बरसात के दिन किसी नारकीय जीवन से कम न थे । हमने इसे साकार रूप में जीते-जी भोगा है । ग्राम्य-जीवन की यह व्यथा हिंदी के महाकवियों को छू भी न सकी । कितनी वीभत्स सच्चाई है यह ।"[1]बरला गाँव में मरने वाले पशुओं को उठाने व उनकी खाल उतारने का काम चूहड़ों के जिम्मे था । गाँव में फसल कटाई के वक़्त श्रमिक-वर्ग को इक्कीस पूली पर एक पूली मजदूरी मिलती थी । एक पूली में एक किलो से भी कम गेहूँ निकलते थे । यानि दिनभर की मजदूरी एक किलो गेहूँ से भी कम । लदाई की बेगार अलग से । इस संदर्भ में दलित चिंतक सुभाष चंद्र लिखते हैं, "गाँव का सारा कारोबार व संस्कृति खेती आधारित है, जिस वर्ग के पास जमीन का मालिकाना हक़ है, वही वहाँ मुख्य शक्ति है, बाकी सब उन पर ही निर्भर है । दलितों को साल-भर अपने जानवरों का पेट भरने के लिए चारा लेने और अपना पेट भरने के लिए भू-स्वामियों पर निर्भर रहना पड़ता है ।"[2] ओमप्रकाश जी ने लिखा है कि गाँव में पुलिस और पंचायत के फैसले भी दलित के विरोध में आते हैं । तपती दोपहर में कटे पौधों की जड़ें शूल की तरह तलवों में चुभती थीं। वह लिखते हैं, "गाँव में चकबंदी चल रही थी । कोई बड़ा अफ़सर आने वाला था। हमेशा की तरह भंगी-बस्तियों में एक सरकारी कर्मचारी आया। साफ-सफाई के लिए कुछ लोगों की जरूरत थी, जिसके बदले कोई पैसा ना मजूरी मिलने की उम्मीद थी। बेगार थी यह हमेशा की तरह।"[3]अन्याय सहने की एक सीमा होती है। मनुष्य या तो संघर्ष व विरोध का रास्ता अपना लेता है या फिर चुपचाप हताश होकर वहाँ से पलायन कर जाता है । दलित चिंतक सुभाष चंद्र के अनुसार, गाँव से शहरों की ओर दलितों का पलायन दो तरह से हो रहा है । पहला रोजगार के अभाव में छोटे-छोटे काम करके गुजारा करना या शहरों की 'स्लम' बस्तियों में अवसादपूर्ण विस्थापितों जैसा जीवन जीना । दूसरे पूँजीपति-सामंती वर्ग के अत्याचारों से तंग आकर पलायन करते हैं । इस संदर्भ में ओमप्रकाश वाल्मीकि लिखते हैं, "फिर शुरु हुआ एक सिलसिला गाँव से पलायन का । धन्नु, हरनाम, गुरनाम, फौजा, जसबीर...... एक-एक कर चल पड़े शहरों की ओर, जहाँ उन्हें एक नई रोशनी अपनी ओर खींच रही थी। गाँव की धरती जब बाँझ होने लगे, तो उसमें खाद-पानी डालने की हिम्मत छूट जाती है । अपना गाँव जब अपना ही न रह जाए, तो लगाव कैसा?"[4]

चर्चित आत्मकथा 'अपने-अपने पिंजरे' में लेखक मोहनदास नैमिशराय जी अपने शहर मेरठ की संस्कृति व भौगोलिक स्थिति को चित्रित करते दिखाई देते

हैं। वह लिखते हैं, "शहर बहुत बडा न था। पर बडी थी उसकी बात, संस्कृति और परम्परा। बडा था उसका इतिहास, समय-समय पर लोग उसका गौरवगान किया करते थे।......... अपने शहर की महिमा का गान करते हुए अध्यापकों के सीने फूलकर एक-एक गज के हो जाते।"[5] लेखक के अनुसार मेरठ शहर आरंभ से ही युद्धभूमि रहा है। इसी शहर से सन 1857 की आजादी की पहली लड़ाई आरम्भ हुई। आजादी के बाद भी इस शहर में जंग जारी रही। एक शहर आबाद करने के लिए दूसरे शहर बर्बाद किए गए। लड़ाईयाँ धर्म, नस्ल व जमीन के टुकड़ों के लिए भी हुईं। शहर दो भागों में बँटा था- आधा छावनी व आधा शहर। लेखक ने आत्मकथा के प्रारंभिक पृष्ठों में विस्तार से अपने शहर के वातावरण, संस्कृति, बनावट आदि के संदर्भ में स्पष्ट रूप से लिखा है- "हर जाति और वर्ग के लोग अपनी-अपनी पहचान में सिमटे हुए। शहर धड़कता था पर अलग-अलग स्वर में। बस्तियाँ थिरकती नाचती थीं, अलग-अलग बोलियों में। उन सबसे मिलकर बना यह शहर। ऐसे शहर की उपज था मैं, जिसके मिजाज में गँवई और कस्बाई दोनों अंदाज थे। फिर भी मुझे अपना शहर बहुत लुभाता था।"[6] शहर में लेखक की बस्ती तीन ओर से मुस्लिम बस्तियों से घिरी थी। अक्सर हिंदू-मुस्लिम दंगे होते रहते थे। शहर में भी गाँव की तरह जाति-भेदभाव की भावना कूट-कूट कर भरी थी। मोहनदास जी ने अपनी ताई माँ के गाँव 'सिसोला' के आंतरिक एवं सामाजिक वातावरण का वर्णन किया है, "गाँव, गाँव था। वहाँ शहर जैसा कुछ भी न था। न पक्की सड़कें, न पक्के मकान। छोटे-छोटे कच्चे घर थे, पर जातियों की पक्की रेखाओं में विभाजित थे। मैं बहुत जल्दी ही गाँव के भूगोल के साथ जातियों की बनावट को समझ गया था।"[7]गाँव में कूँआ व हैंडपंप छूने की मनाही थी, किनारे पर तालाब था जहाँ से पानी लाना होता था। शहर में लेखक की बस्ती को 'चमार गेट' या 'चमार दरवाजा' तथा स्कूल को 'चमारों का स्कूल' से सम्बोधित करते थे। गाँव की अपेक्षा शहर में रविदास जयंती अथवा अंबेडकर जयंती धूमधाम से मनाई जाती थी। पिता का मकान बिकने के बाद मोहनदास को अपना घर और शहर अजनबी-सा लगने लगा था। वह कहते हैं, 'मैं अपने आप से जैसे बिछुड़ते जा रहा था। मुझे मेरठ में रहना अब अजीब-सा लगने लगा था। मेरे लिए वह शहर जैसे पिंजरा बन गया था, जिससे बाहर आने की मैं हर दिन; हर पल कोशिश करता था।' अंततः मोहनदास घर से भागकर मुम्बई जैसे बड़े शहर में संभावनाएँ तलाशने निकल पड़े। लेखक ने स्वीकार किया है कि "बंबई में भूख थी, गरीबी थी और बेरोजगारी थी, लेकिन आदमी-आदमी के बीच जातियों की दीवारें न थीं। मुझसे कभी किसी ने मेरी जात न पूछी थी। मेरे शहर का नाम अवश्य पूछा था। पर मेरा

धर्म न पूछा था।..... महानगर में जात-पाँत थी ही नहीं । औरत औरत थी और आदमी आदमी ।"[8]मुम्बई शहर में झाड़ू लगाने वाला रेस्तरां में बैठकर चाय पी सकता था । नैमिशराय जी के अनुसार वहाँ जातियों के उलझे हुए समीकरण नहीं थे। लेखक के अनुसार गाँव व शहर में रहने वाले दलित ही शहर के दलितों को ऊर्जा दे रहे थे, "गाँव/ बस्ती/ कस्बों तथा शहरों में दलित आंदोलन की रूप-रेखाएँ बनने लगीं थीं। हमारी जात के लोग गरदनें सीधी करने लगे थे। उनकी गरदनें कट रहीं थीं, फिर भी वे उठ रहीं थीं। गाँव-कस्बों में दलित-उत्पीड़न जोरों पर था, शहर बचे थे, पर वहाँ भी अलग ढंग का उत्पीड़न था ।"[9]

आत्मकथा 'तिरस्कृत' और 'संतप्त' के लेखक सूरजपाल चौहान ने ग्रामीण-जीवन व शहरी-जीवन के सामाजिक यथार्थ को सच्चाई के साथ प्रस्तुत किया है। उ.प्र. के अलीगढ़ जिले के गाँव 'फुसावली' में रहकर लेखक की माँ घरों में साफ-सफाई का कार्य करती थीं, तो पिता दिल्ली के रेलवे स्टेशन पर रहकर पल्लेदारी का काम करते थे। गाँव में फूस की कोठरी थी। दिल्ली शहर में वह पिता के साथ नेशनल स्टेडियम के पखाने में रहते थे। गाँव हो या शहर दोनों जगह उन्हें जाति एवं छुआछूत की समस्या का सामना करना पड़ा। सूरजपाल ने गाँव और शहर; दोनों जगह भंगी और चमार जाति के मध्य मौजूद भेदभाव के कई मार्मिक प्रसंगों का तीखा वर्णन किया है, "उन्होंने शहरी दलित मध्य-वर्ग की विसंगतियों का चित्रण करते हुए उनकी मानसिक जटिलता और विरोधाभासों को दिखलाया है। अपनी जाति छुपाने की कोशिशों पर, लेखक ने क्षोभ प्रकट किया है। इस शहरी दलित-मध्य वर्ग की एक दूसरी कमजोरी, मौका मिलने पर भी अपनी पुरानी कमजोरियों से निकलने के लिए जरूरी स्वाभिमान की कमी है ।"[10]दिल्ली में अध्धयन के दौरान लेखक सूरजपाल अपना सरनेम 'चौहान' लिखने लगते हैं, ताकि जाति को छिपाया जा सके। लेकिन नोएडा- दिल्ली जैसी जगहों पर नौकरी करते हुए उन्हें अनगिनत बार उपेक्षाओं का सामना करना पड़ता है। वस्तुतः 'तिरस्कृत' का ताना-बाना गाँव और शहर, दो केंद्रों को मिलाकर बुना गया है। गाँव के केंद्र में गौण रूप से शहर, और शहर के केंद्र में गौण रूप से गाँव के निजी जीवनानुभव संक्रमित हैं।

आत्मकथा 'मेरा बचपन मेरे कंधों पर' मे लेखक श्यौराज सिंह 'बेचैन' अपने गाँव के इतिहास से ही अनभिज्ञ थे। वह लिखते हैं, "मेरी जाति या मेरे गाँव का कोई लिखित इतिहास मेरी जानकारी में नहीं है । मैं यह भी नहीं जानता कि गाँव का कोई इतिहास है भी या नहीं, तब मेरे परिवार का अतीत क्या रहा होगा ? वैसे तो हमारे चमार-चूहड़ों की पूरी कौमें मृतप्रायः बना दी गई थीं।...... उनका

इतिहास कहाँ हैं ।"[11]गाँव में दलित समाज और संस्कृति में पुंनर्विवाह, विधवा-विवाह, स्त्री-पुरुष को परस्पर सहमति से छोड़ना-जोड़ना एक सामान्य प्रक्रिया थी । स्वयं लेखक की विधवा माँ ने पुनर्विवाह किया था। गाँव में चमार-जाति के एक हिस्से के लोग जहाँ चर्मकार्य करते थे, वहीं चमारों के दूसरे हिस्से के लोग भूमिहीन थे। स्त्रियों के लिए गाँव में कोई काम नहीं था । गाँव में भूमिहीनता से बड़ी गुलामी नहीं थी । कुछ लोग भट्टों पर ईटँ पाथने गाँव से दूर भी जाते थे। बेचैन जी कहते हैं, "मेहनत-मजूरी से गरीबी नहीं हटती। असंगठित मजदूरों के लिए सरकारी वेतन-नीति तो गाँव में आज तक लागू नहीं है। इसलिए उनकी हारी-बीमारी, स्वास्थ्य और उनके बच्चों की शिक्षा की कोई व्यवस्था नहीं। उनकी न्यूनतम मूलभूत आवश्यकताएँ पूरी नहीं होतीं। भूमिहार सवर्ण ही होते थे। वे 50 रुपये का काम कराते और 5 रुपये ही देते ।"[12]गाँव में आर्यसमाज का प्रभाव अवश्य था, लेकिन दलित-जातियों के परस्पर अंतर्विरोध अधिक थे। लेखक ने उ.प्र. के बदायूँ, पीलीभीत, शाहजहाँपुर, बरेली, मुरादाबाद आदि के आस-पास के गाँव से आए लोगों के साथ बाजपुर (नैनीताल) के बंधुआ जीवन को भी चित्रित किया है। जिसमें 90% चमार-भंगी व 10% गरीब मुसलमान होते हैं ।

चर्चित आत्मकथा 'नागफनी' में रूपनारायण सोनकर जी ने ग्रामीण-शहरी जीवन के सूक्ष्म यथार्थ को चित्रित किया है । अपने गाँव 'नसेनियाँ' की संस्कृति को लिपिबद्ध करते समय वह बेचैन हो जाते हैं । गाँव के मेले-त्योहार, सूअर-गाय के अद्भुत युद्ध, कुश्ती, जाति-पाँति का भेदभाव, सूदखोर ब्राह्मण-वर्ग एवं बंधुआ मजदूर के यथार्थ को सजीवता से प्रस्तुत किया है। गाँव में भदइया चमार को बेगारी के लिए बंदी बना लिया गया, जिसको सोनकर जी व अन्य दलित लोगों ने संघर्ष कर छुड़ाया । सोनकर जी कहते हैं, "ये देहाती अपराधी, शहरी अपराधियों के तरीकों से बिल्कुल भिन्न होते हैं। ये राहजनी भी कर लेते हैं, पैसे लेकर सरे आम निर्दोष का कत्ल भी कर देते हैं । चूँकि देहातों में पुलिस की कोई व्यवस्था नहीं होती है...... अपराधी शहरों की अपेक्षा देहातों में दलितों-पिछड़ों पर ज्यादा जुल्म बरपाते हैं ।"[13]शिक्षा का अवलम्ब पाकर सोनकर जी फर्रुखाबाद में ग्रामीण बैंक के मैनेज़र के रूप में चुन लिए गए, "डॉ. अम्बेडकर कहा करते थे कि दलितों को देहातों से शहरों की ओर पलायन करना चाहिए क्योंकि देहातों में उनके साथ छुआछूत, जातिवाद, असमानता आदि सबसे ज्यादा बरती जाती है। दलितों को इन वेदनाओं से तभी छुटकारा मिल सकता है, जब वे शहरों में आकर बस जाएँ ।"**[14]**

आत्मकथा 'मेरा सफर मेरी मंजिल' में लेखक डॉ॰ डी॰ आर॰ जाटव को अन्य दलित लेखकों की भाँति ग्रामीण-जीवन में जातिगत भेदभाव का अपेक्षाकृत कम सामना करना पड़ा। लेखक के पिता उ.प्र. के अलीगढ़ जिले में स्थित हाथरस (तहसील) में; बटाई के आधार पर दूसरे कृषकों की जमीन जोत कर खेतीबाड़ी किया करते थे । यह प्रथा आज भी कई गाँवों में विद्यमान है । जाटव जी शहरों में ऊँच-नीच की संभावनाएँ अधिक मानते हैं । लेखक के गाँव नगला नाई (अब अशोक नगर) की जनसंख्या मात्र 1000 थी, जहाँ अधिकतर लोग निरक्षर, निर्धन व दिहाड़ी मजदूर थे । कुछ कृषि से जुड़े थे। गाँव में बाल-विवाह की प्रथा थी ।

डॉ॰ रमाशंकर आर्य आत्मकथा 'घुटन' में लिखते हैं, "गाँव ने मुझे नहीं छोड़ा, मैंने ही अपने गाँव के लोगों को छोड़ दिया है । गाँव जाने पर जहरीले अतीत के घाव फिर से हरे हो जाते हैं- नीरस, उदास और खटास भरा, गुजरा हुआ जीवन ।"[15]बिहार के बक्सर जिले के 'हरपुर' गाँव में जन्मे रमाशंकर कहते हैं कि मेरा गाँव पिछड़ों का गाँव था । शुद्ध देहाती माहौल, आधुनिक सभ्यता से कोसों दूर, अज्ञानता और घोर अंधविश्वास की परम्परा में जीने वाला लगभग 100 घरों का छोटा-सा गाँव । लेखक कहते हैं, "ग्रामीण परिवेश में जीने की अपनी खास शैली होती है । विलक्षण अंदाज होता है । ग्रामीण-जीवन का त्रासदी भरा माहौल भी । वैसा ही निरक्षरता का आलम । पग-पग पर अंधविश्वासों का गिरोह। ऊँच-नीच की महामारी। कोई किसी से कम नहीं ।...... सभी के सभी अपने ढंग से जातीय अंहकार में पागल। सभी में एक-दूसरे को नीचा दिखाने की होड़ ।"[16]वीर कुँवरसिंह विश्वविद्यालय में पहले प्रति-कुलपति रहते हुए लेखक को दलित शिक्षकों की संकीर्ण राजनीति का शिकार होना पड़ा।

आत्मकथा 'यादों के झरोखे' में लेखक डॉ॰ एम॰ एल॰ शहारे म॰प्र॰ के छिंदवाड़ा जिले के समीप 'मोहगाँव' (हवेली) की सामाजिक-सांस्कृतिक परिस्थितियों का विस्तार से परिचय कराते हैं । उनके अनुसार, 1920-30 में इस गाँव की जनसंख्या लगभग 3-4 हजार थी । गाँव के बीच 'सरपा' नामक नदी बहती थी, जिसके दोनों ओर दलित बस्तियाँ थीं । शहारे जी के अनुसार उनके गाँव में शिक्षा के प्रति जागरुकता थी लेकिन कूँओं व मंदिरों पर दलितों के जाने की मनाही थी । धोबी भी महारों के कपड़े नहीं धोते थे । शहर के वातवरण में लेखक ने अपने सपनों को साकार किया । फिर चाहे वह विदेश गमन की बात हो, या भारत सरकार द्वारा 'पद्मश्री' से नवाज़ा जाना ।

वस्तुतः हिंदी की दलित आत्मकथाओं में ग्रामीण एवं शहरी-जीवन का यथार्थ चित्रण किया गया है । गाँव की परम्परागत रुढ़िवादिता की अपेक्षा शहर में

जातिगत संकीर्णता थोड़ी कम जरूर है। ग्रामीण-जीवन की संघर्षमय स्थिति की अपेक्षा शहर में शिक्षा का वातावरण है, जिससे विकास के नए मार्ग खुलते हैं। हालाँकि यहाँ भी उनके लिए संघर्ष कम नहीं है। इस प्रकार सभी आत्मकथाओं में ग्रामीण एवं शहरी जीवन पूरी संजीदगी से रूपायित हुआ है, जो आत्मकथा के 'कथ्य' को मुखर, तीव्र, सजीव एवं यथार्थ बनाता है।

संदर्भ ग्रंथ सूची:-

1. ओमप्रकाश वाल्मीकि-'जूठन', पृ॰ 35

2. सुभाष चंद्र- 'अनुभव से चिंतन' संस्करण-प्रथम (2006), पृ॰-33

3. ओमप्रकाश वाल्मीकि-'जूठन', संस्करण-2006 (द्वितीय आवृत्ति), पृ॰-51

5. मोहनदास नैमिशराय- 'अपने-अपने पिंजरे' (भाग-1) पृ॰ 09

6. सूरजपाल चौहान- विशेष संदर्भ: 'तिरस्कृत', पृ॰ 19-20

7. श्योराजसिंह 'बेचैन'- 'मेरा बचपन मेरे कंधों पर' , संस्करण-2009, (प्रथम) पृ॰- 31

8. रूपनारायण सोनकर- 'नागफनी', पृ॰-71

9. डॉ॰ रमाशंकर आर्य-'घुटन',पृ॰-11

संपर्क सूत्र-

डॉ॰ पवन कुमार मिश्रा
1841, सेक्टर-14, डी॰ए॰वी॰ स्कूल के पीछे,
गोविंद पैलेस रोड, हिसार, हरियाणा
मो॰ 8426968104, 8445169956
ईमेल- pawanmishr.amu@gmail.com

[1] वाल्मीकि, ओमप्रकाश -'जूठन', पृ॰ 35

[2] सुभाष चंद्र- 'अनुभव से चिंतन' संस्करण-प्रथम (2006), पृ॰-33

[3] वाल्मीकि, ओमप्रकाश-'जूठन', संस्करण-2006 (द्वितीय आवृत्ति), पृ॰-51

[4] वाल्मीकि, ओमप्रकाश-'जूठन', संस्करण-2006 (द्वितीय आवृत्ति), पृ॰-52

[5] नैमिशराय, मोहनदास- 'अपने-अपने पिंजरे' (भाग-1) पृ॰ 09

[6] नैमिशराय, मोहनदास- 'अपने-अपने पिंजरे' (भाग-1) पृ॰ 12

[7] नैमिशराय, मोहनदास- 'अपने-अपने पिंजरे' (भाग-1) पृ॰ 26

[8] नैमिशराय, मोहनदास- 'अपने-अपने पिंजरे' (भाग-1) पृ॰ 136

[9] नैमिशराय, मोहनदास- 'अपने-अपने पिंजरे' (भाग-1) पृ॰ 29

[10] चौहान, सूरजपाल - विशेष संदर्भ: 'तिरस्कृत', पृ॰ 19-20

[11] सिंह, श्योराज 'बेचैन'- 'मेरा बचपन मेरे कंधों पर' , संस्करण-2009, (प्रथम) पृ॰- 31

[12] सिंह, श्योराज 'बेचैन'- 'मेरा बचपन मेरे कंधों पर' , संस्करण-2009, (प्रथम) पृ॰- 68

[13] सोनकर, रूपनारायण - 'नागफनी', पृ॰-71

[14] सोनकर, रूपनारायण - 'नागफनी', पृ॰-113

[15] आर्य, रमाशंकर-'घुटन',पृ॰-11

[16] आर्य, रमाशंकर-'घुटन',पृ॰-29

13

आदिवासी जीवन शैली और रीति-रिवाज

डॉ. सुनील पाटिल

जब भी आदिवासी के संदर्भ में विचार होता है, तो आदिवासी से आशय होता है ऐसे समुदाय का जो समाज की मुख्यधारा के द्वारा हाशिए पर धकेला गया हो और परिणाम स्वरूप आज भी सभ्यता की दौड़ में शामिल नही हो पाया। आदिवासी शब्द 'आदि' और 'वासी' शब्दों के योग से बना है जिसका अर्थ हुआ 'मूल- निवासी'। आदिवासी विश्व के लगभग सभी भागों में निवास करते हैं। अफ्रिका के बाद भारत दूसरे नंबर का सर्वाधिक जनजातियों वाला देश है। भारत के प्रमुख आदिवासी समुदायों में संथाल, बोडो, हो, भील, मीणा, गरासिया, मुंडा, शबर, नैंगा, ऑंग, सेंटिनल, ग्रेट अंडमानी, सहरिया, उराव, खासी, बिरहोर, किरात, कोली, फनात, गोंड, खडिया, भारिया लोहरा, पारधी, आंध टाकणकार आदि हैं। इन्हें गिरीजन, वनवासी, जनजाति, आदि निवासी, आदिम जाति, भूमिपुत्र आदि नामों से भी अभिहित किया जाता है।

संविधान में आदिवासी शब्द का उल्लेख नहीं है अपितु इनको अनुसूचित जनजाति कहा गया है। 'आदिवासी कौन' पुस्तक के संपादकीय में रमणिका गुप्ता, लिखती है - "आदिवासी यानि मूल निवासी यानी भारत का मूल बाशिंदा यानी इस धरती का पुत्र, धरती और प्रकृति के विकास के साथ पैदा हुआ, पनपा, बढ़ा और जवान हुआ। वह प्रकृति का सहयात्री और सहजीवी, सहनशीलता की सीमा तक सहने करने की कुत्वरत रखता है पर अन्याय के विरोध डटकर खड़ा भी हो जाता है।"[1]

समाज में मानव जाति भिन्न-भिन्न समुदायों में विभाजित हुआ है। सब एक ही तरह नहीं रहा है। भौगोलिक तथा राजनीतिक परिवेशों के योगदान से कुछ समुदाय विकसित हुए हैं तो कुछ हाशिए कृत होते हैं। ऐसा ही एक पिछडा हुआ समुदाय है आदिवासी।

भारत के संविधान की पांचवी अनुसूची में सरकार ने अनुसचित जनजातियों के रूप में मान्यता दी है। प्राय: इन्हें अनुसूचित जातियों के साथ एक ही श्रेणी अनुसूचित जाति एवं जनजाति में रखा जाता है। मगर समाजशास्त्रियों के अनुसार भारत में पहाडी में रानी या पठारी प्रदेशों के रहने वाले आदिवासी लोग अनुसूचित जन जातियाँ हैं ये लोग कई समूह में विभाजित है। हर एक का निश्चित भू प्रदेश है तथा उनकी अपनी ही भाषा, धर्म, प्रथाएँ व परम्पाराएँ भी हैं।

आर्यों के आने से पूर्व आदिवासी भारत के घने जंगलों, पहाड पर्वतों और घाटियो दरों में स्वंच्छंदतापूर्ण जीवन बिताते थे। जंगल पर उनका अधिकार था। उन्हीं की सत्ता थी। सचमुच में जंगल के रक्षक थे। भोजन के लिए उनका एक मात्र स्त्रोत जंगल ही था। वे जंगली फल, कंद, मूल आदि से जीवन यापन करते थे। जंगल का सब कुछ उनके हक में था। इस तरह जंगल में सत्संग विहार कर रहे आदिवासियों पर आर्यो ने हमला किया। आर्य अपने फौज, घोड़ो और शस्त्रों के बल पर आदिवासियों की जमीन पर अतिक्रमण करने लगे। वास्तव में कहें तो आर्यों से आदिवासियो की बुरी दशा का प्रारंभ हुआ। आर्यों ने जंगलीसंतानों को अपनी जीवन शैली तथा सत्ता से दूर किया। आदिवसियों के रहन-सहन, आचार-विचार, रीति-रिवाज, सभ्यतता, संस्कृति, धर्म आदि में सुधार की जरूरत है। उन्हें समाज की मुख्यधारा में लाने की आवश्याकता है। कारण वे समय समाज के साथ संपर्क में आ गए हैं। इससे उनकी अपनी निजता भंग होने लगी है तथा उनकी अपनी जीवन शैली के अनुसार जीने में कठिनाई होती जा रही हे।

प्रकृति पर आर्यों के हस्तक्षेप से आदिवासियों को अपने अस्तित्व पर खतरा मंडराने लगा है। प्रकृति के संसाधनों पर सब का समानाधिकार है। आतंक का जाल बिछाकर, भय का हथियार दिखाकर सब कुछ छीनाया जाता है। आधुनिक ज्ञान, विज्ञान, तकनीक शिक्षा आदि से अनभिज्ञ आदिवासी प्राकृतिक मानव है। वे प्रकृति प्रेमी होते हैं। उनके लिए वन, जंगल, पहाड़ आदि सर्वस्व थे। दूसरे शब्दों में कहें तो जंगल या वन आदिवासियों की कामधेनु है। मगर निरंतर घटते जा रहे वनों से आदिवासी या वनवासी विस्थापित हो रहे हैं तथा उनका अस्तित्व घटता जा रहा है। अब आदिवासी अन्यत्रवासी बन गए हैं। असल में उनके लिए आदिवासी से ज्यादा उचित शब्द वनवासी होगा। वन और पहाड इस देश की धरती

का श्रृंगार है प्रकृति देश की संस्कृति का मूलाधार है । प्रकृति हमारी रक्षक है । हमारी संपदा का मूलाधार है । उसका शोषण आज हो रहा है । औद्योगिकरण ने प्रकृति को संपदा का संसाधन मानाया । यहाँ से वनवासियों के कष्ट की शुरूआत होती है । वनवासियों के सामने अपनी अस्मिता को कायम रखने का संघर्ष है युगों से संचित खनिज औद्योगिकीकरण के मारे नष्ट होते जा रहे हैं ।

किसी भी व्यक्ति की पहचान उसके चेहरे और उसके व्य।क्तित्व से होती है । व्यक्तिमत्त्व में चेहरे की बनावट के साथ ही शरीर का रंग, शरीर का गठन, चाल-ढाल, तथा आचार-व्यवहार शामिल होते हैं । शरीर की बाहरी संरचना भौगोलिक परिस्थितियों, जलवायु तथा वातावरण के अनुरूप रहती है । मध्य प्रदेश के आदिवासियों को उनके व्यक्तित्व के आधार पर अलग-अलग पहचाना जा सकता है । उदाहरण के लिए भारिया छरहरें शरीर के होते हैं । इनकी आंखें कुछ छोटी, नाक सुडोल होती है । भारिया स्त्रियाँ भी सुंदर होती है । इनके होंठ पतले ओर चेहरा आकर्षक होता है । अपनी चाल-ढाल और उठने-बैठने की विशेष शैली के कारण भारिया आदिवासी गोंड और कोरकुओं में से अलग पहचान में आ जाते हैं । कोरकु चेहरे-मोहरे से गोडों जैसे दिखाई देते हैं । किंतु इनका कद और घुँघराले बाल इन्हें गोंडों से अलग करते हैं । कोरकु पुरूषों की दाढ़ी अधिक घनी नहीं होती है ।

प्रत्येक व्यक्ति की वेशभूषा उसके समुदाय का परिचय देती हैं । आदिवासियों के संसार में सभी जनजातियों के पहनावे में परस्पर भिन्नता पाई जाती है । ध्यान देने की बात यह है कि एक ही जनजाति के लोगों के पहनावे में पर्याप्त अंतर देखने को मिलता है यदि वे अलग-अलग स्थानों में निवास कर रहे हों । मध्य प्रदेश के गोंड आदिवासी घुटनों तक लंबी धोती पहनते हैं । धोती के साथ ये जो ऊपरी वस्त्र पहनते हैं उसे बंडी कहा जाता है । कंधे पर एक कपड़ा डालते हैं तथा सिर पर एक कपड़ा बांधते हैं । स्त्रियाँ कौछ लगाकर साड़ी पहनती हैं । वे ढीला, बड़ा ब्लाउज भी पहनती हैं जिसे 'पोलका' कहते हैं । वे हरे, लाल, जामुनी आदि गहरे रंगों के कपड़े पहनना पसंद करती हैं । कोरकु सादे कपड़े पहनना पसंद करते हैं । कोरको पुरूष घुटनों तक सफेद धोती पहनते हैं । धोती के साथ सूती बंडी अथवा कुर्ता पहनते है । सिर पर पगड़ी बांधते हैं । कोरकु स्त्रियाँ रंग-बिरंगे घाघरे (लुगड़ा) और चोली पहनती हैं । इनमें गहनों और गोदना के प्रति विशेष लगाव देखने को मिलता है । प्रत्येक जनजाति के गहने एक दूसरे से भिन्नतालिए होते हैं ।

आदिवासी सोने के गहने नहीं पहनते हैं । उनके गहने प्राय: चांदी, गिलट अथवा अन्या मिश्र धातुओं के बने होते हैं । वे लकड़ी, पंखा, मोती, मूंगें, सिंगो, हाथी दांत, घोघें, कौडी आदि से बने गहने भी बड़े शौक से पहनते हैं । आदिवासी स्त्री-पुरूष

पीढियों से गोदना गोदवाते चले आ रहे हैं । प्रत्येक जाति एवं समुदाय में कुछ विशेष मान्यताएँ प्रचात होती हैं । ये मान्यताएँ धर्म, संस्कार एवं रीति-रिवाज के रूप में देखने को मिलती हैं । आदिवासियों मे भी यह विश्वास पाया जाता है कि संसार में कुछ अद्दश्य- शक्तियाँ होती हैं जो संसार के सभी कार्यों का संचालन करती हैं । इस संसार के सभी जड़ एवं चेतन तत्त्वों में आदिवासी उस अद्दश शक्ति के प्रभाव को देखते हैं तथा उसका सामना करते हैं ।

आदिवासियों का वास-स्थान जंगल होने के कारण भोजन के रूप में वनोपज और कृषि पर आधारित रहते हैं । वे कोदो, कुटकी, ज्वार, बाजरा, चना, चावल, बांधा, मक्का, गेहूँ आदि की खेती करते हैं । महुए की शराब इनका मनपंसद पेय होता है । इनको जंगली औषधियों की जानकारी होती है । वे जड़ी बूटियों से औषधियों का निर्माण करते हैं ।

कृषि कार्य में सभी आयुवाले पुरूष-स्त्री, युवा-बच्चे समान रूप से भाग लेते हैं । नव जीवन को प्रभावित करने में मुख्यतः तीन संस्कार होते हैं- जन्म, विवाह तथा मृत्यु । ये लोग भी इन संस्कारों को मानते हैं । आदिवासी समुदाय में युवा लोग अनुशासन तथा सामाजिक शिक्षा का ग्रहण अपने बडे लोगों से करते हैं । युवाओं को सामाजिक शिक्षा देने का प्रत्येक संस्कार होता है जिसे घोटूल नाम से जाना जाता है । वह एक सांस्कृतिक केंद्र होता है । अविवाहित युवक-युवतियाँ इनके सदस्यस होते हैं । विवाह हो जाने पर इनकी सदस्यता समाप्त हो जाती हे । इस प्रकार आदिवासी समुदाय अन्य समुदायों की तरह अपने प्रत्येक संस्कारों, मिथकों, मान्यताओं और रीति-रिवाजों, शैली के साथ सदियों से अपनी विशेष परंपरा को बखूबी सँजोए और संवारें हुए हैं ।

संदर्भग्रंथसूची

१.वाङःमय पत्रिका संपादक -डॉ. फिरोज अहमद आदिवासी विशेषांक

२.उपनिवेशवाद और आदिवासी संघर्ष संपादक अश्विनी कुमार पंकज,

३.आदिवासी स्वर : संस्कार एवं प्रथाएँ, संपादक हरिनारायण दत्त एवं श्रीमती जसदीप बाजवा

संपर्कसूत्र-

डॉ. सुनील पाटिल,
सहायक प्रोफेसर, हिंदी विभाग,
द्वारकादास गोवर्धनदास वैष्णव महाविद्यालय,
अरूम्बाक्कम, चैन्नई ६०० १०६

Email:sunilpatil7969@gmail.com

[1] संपा. फिरोज अहमद- वाङःमय पत्रिका आदिवासी विशेषांक पृ सं १३

14

गिरीश पंकज कृत 'ईश्वर की प्रतीक्षा' लघु कथा संग्रह में पर्यावरण चेतना

* पूनम शर्मा ** संतोष कांबळे

उत्तर आधुनिकता और भूमंडलीकरण के दौर में जन सामान्य को सिर्फ और सिर्फ दिखावा करने की आदत लग गई है। चाहें वह आर्थिक दिखावा हो, धार्मिक दिखावा हो, सामाजिक दिखावा हो, नैतिक दिखावा हो, राजनीतिक दिखावा हो या फिर झूठा पर्यावरण प्रेम प्रदर्शन हो, सभी अपने-अपने मुखौटे पहनकर अंधी दौड़ में दौड़ रहे हैं। अंधानुकरण करने की सभी में एक होड़ जैसी लगी हुई है। ऐसे ही अंधानुकरण एवं झूठे पर्यावरण प्रेम को उद्घाटित करने का काम गिरीश पंकज ने अपने व्यंग्य संकलन 'ईश्वर की प्रतीक्षा' लघु-कथा संग्रह में यथार्थ रूप से चित्रित किया है।

पर्यावरण-क्षय का प्रभाव जन सामान्य पर किस प्रकार से पड़ता है और उसका भविष्य पर क्या असर होगा? यह प्रश्न चिंतनीय है। वृक्ष सदैव हमारे हितैषी रहें हैं, इस बात का ज्ञान होते हुए भी हम वृक्षों को नष्ट कर रहे हैं। बरसों पहले जहाँ जंगल थे अब वहाँ सिमेंट के जंगल बन गये हैं। इन सीमेंट के जंगलों ने इन्सान तो क्या पशु-पक्षियों के जीवन को भी अत्यंत कष्टमय बना दिया है। इसका चित्रण गिरीश पंकज ने बड़े ही कलात्मक ढंग से उकेरा है। आजकल हर दिन कोई न कोई

उत्सव (डे सेलिब्रेशन) मनाने की होड़ सी लगी हुई है। जैसे मदर्स डे, वैलेंटाइन डे, चाकलेट डे, टेडी डे, टीचर्स डे, एड्स डे, एनवायरमेंटल डे (पर्यावरण दिवस) आदि। हम यह दिन खास उत्सव के रूप में मनाते हैं, उसका औचित्य क्या है? यह देखना और समझना भी उतना ही जरूरी है। इस बात को हम गिरीश पंकज कृत 'बकरी और प्रसन्नता' लघु-कथा में देख सकते हैं। यथा-

"बकरी मुस्कुरा कर बोली- 'नहीं रे, आज पर्यावरण दिवस है न। आज इधर-उधर अनेक पौधे लगाए जाएँगे। उनको खाकर हमारी आत्मातृप्त होगी और पौधे लगाने वालों को दुआएँ देंगी। कटना तो नहीं आती है, लेकिन हरा भरा खाकर कटने का सुखी अलग होता है। बच्चे 'हुर्रे' कहते हुए नाच उठे।"[1]

इससे यह स्पष्ट होता है कि, प्रतिदिन कोई न कोई उत्सव मनाने की होड़ सी लगी हुई है। ऐसे में उत्सवों के महत्व को हम सही रूप से जान नहीं पा रहे हैं। लेकिन उस उत्सव के बाद क्या होगा और क्या होना चाहिए इसके बारे में सोचने के लिए किसी के पास समय नहीं है सब अपने-अपने काम में व्यस्त हैं। जानवरों के प्रति लोगों का देखने का नजरिया बदला है। गिरीश पंकज उससे परिचय कराना चाहते हैं। बकरी और बकरी के बच्चों को दिनभर खाने को कुछ नहीं मिलता है तब बकरी अपने बच्चों को समझाती है, इस दुखभरे दिन में पर्यावरण दिवस जैसा दिन हमारे लिए सुख का दिन है, क्योंकि पर्यावरण दिवस के औचित्य पर कुछ लोग झूठा पर्यावरण प्रेम दिखायेंगे, इधर-ऊधर पौधे लगायेंगें और वे लोग जो पौधे लगायेंगे वही पौधों का इस्तेमाल हमारा पेट भरने के लिए करेंगे। मरना तो सभी को है एक न एक दिन तो क्यों न पेट भर खाकर ही मरा जाए। बड़े ही सशक्त ढंग से गिरीश पंकज कहते है-

"आज बकरी की खुशी का ठिकाना न था, उसने बच्चों को जल्दी तैयार किया और चल पड़ी. छोटी ने पूछा- 'हम कहां जा रहे हैं?' माँ मुस्कुरा कर बोली, 'वहीं, जहां साल में एक बार हम लोग डटकर दावत उड़ाते हैं.' रास्ते में गौरी गैया मिली। वह नुक्कड़ पर भोजन तलाश रही थी। बकरी को दया आई। उसने गाय को भी साथ ले लिया। कुछ देर सब एक जगह रुक गए। सामने बैनर लगा था- 'पर्यावरण दिवस'। हरे हरे पौधे लगाए जा रहे थे। बकरी और गाय के चेहरे पर चमक आ गई। वहाँ सफेद कपड़े में एक आदमी हाथ लहरा- लहरा कर कुछ बोल रहा था। कुछ देर बाद सब चले गए। चौकीदार बीड़ी पीने चला गया। गाय, बकरियों ने जी भरकर दावत उड़ाई।"[2]

आधुनिकिकरण और औद्योगिकरण के नाम पर प्राकृतिक संपदा पर आक्रमण हो रहा है। बड़ी मात्रा में जंगल नष्ट होने की वजह से ग्लोबल वार्मिंग

जैसी समस्याएँ विश्व में उत्पन्न हो रही हैं तथा कुछ लोग सिर्फ दिखावा करने के लिए ऐसे दिन जैसे कि 'वर्ल्ड एनवायरनमेंट डे' सेलिब्रेट करते हैं। इसका बहुत अच्छा वर्णन लेखक ने 'झूठी कसम' कहानी में किया है-

"पृथ्वी उदास बैठी थी। आकाश ने पूछा - 'क्या बात है, आज कुछ ज्यादा ही उदास हो?' धरती बोली - 'आज मनुष्य फिर मुझे बचाने की झूठी - झूठी कसमें खाएगा न, इसलिए दुःखी हूँ।' आकाश ने चौंकते हुए पूछा- 'आज कोई खास दिन?' धरती बोली- 'तुमको कुछ होश भी रहता है? आज पृथ्वी दिवस है।' आकाश चुप हो गया।"[3]

वसुंधरा दिवस मनाया जाता है। झूठे वादे और झूठी कसमें खायी जाती हैं। कुछ लोग झूठे वादे करने में मशगूल हैं चाहे उसके लिए किसी की जान ही क्यों न जाए, उनको कोई फ़र्क नहीं पड़ता। ठीक उसी तरह आज नेता और सामाजिक कार्यकर्ता अलग-अलग डे सेलिब्रेट करने का झूठा दिखावा करते हैं। लेकिन बाद में उसका क्या हुआ इसका ज्ञान किसी को नहीं होता। इसी बात को लेखक व्यंग के माध्यम से समाज को समझाना चाहते हैं। गिरीश पंकज ने सामाजिक व्यवस्था के यथार्थ पर अपनी कलम चलाई है।

बदलती जीवनशैली से पर्यावरण पर और साथ ही साथ जीव-जंतुओं पर भी इसका खास और आश्चर्यजनक असर हमें दिखायी देता है। कुछ चीजें इन्सान और जानवर दोनों के लिए घातक साबित होंगी यह जानते हुए भी इन्सान अपनी जीवनशैली और दिखावे के लिए ऐसी घातक चीजों को त्यागने की मनस्थिति में नही है। इसी बात को व्यंग्यात्मक शैली में लेखक ने 'ईश्वर और गाय' लघु-कहानी में उजागर किया है जैसे-

"अश्विनी कुमार ने उपचार किया। पेट से तीस किलो पालिथीन, अनेक कीलें और पिनें भी निकली। अश्विन कुमार ने पूछा - 'प्रभु, ये क्या है? पहले भक्त चारा खिलाते थे, अब...?' ईश्वर हंसते हुए बोले- भक्तों की प्रेम- प्रसादी है। लग रहा है, जैसे मैं भी शंकर बनता जा रहा हूँ।"[4]

उपरोक्त उदाहरण से यह स्पष्ट होता है कि, पाश्चात्य संस्कृति के अंधानुकरण के कारण हम पर्यावरण को घात पहुँचाने वाली चीजों का इस्तेमाल बहुत ज्यादा कर रहे हैं। जिसके कारण न केवल इन्सान अपितु पशु-पक्षियों एवं अन्य जीवधारियों के समक्ष भी संकट की स्थिती उत्पन्न हो गई है। लेकिन लोग फिर भी ऐसी समस्याओं को जानबूझकर नजरअंदाज कर रहे हैं। जिससे एक न एक दिन पर्यावरण व जीवसृड्ढी का पतन निश्चित है।

'पेड़ पर कविता' लघु-कहानी में लेखक ने झूठे पर्यावरण प्रेम और इन्सान की स्वार्थी प्रवृति पर व्यंग्य प्रहार करते हुए कहा है ।

"उसने पेड़ पर कवितालिखी । लोगों को खूब पसंद आई । वो कविता एक प्रतियोगिता में पुरस्कृत भी हुई । कवि का अच्छा - खासा नाम हो गया । कुछ दिनों के बाद कवि को एक अच्छा ऑफर मिला । एक कंपनी वाले उसके आंगन में एक बड़ा - सा गोदाम बनाना चाहते थे । गोदाम बनाने का खर्चा कंपनी का और हर महीने पंद्रह हजार रुपये किराया भी दिया जाएगा । पैतृक जमीन थी । कवि के पास से कुछ जाना नहीं था । सौदा पट गया । कवि मालामाल हो गया । गोदाम बनाने के एवज में कवि को आंगन में लगे दो पुराने नीम के पेड़ कटवाने पड़े, बस ।"[5]

प्रस्तुत उदाहरण से यह स्पष्ट होता है कि, इंसान को अपने स्वार्थ के आगे कुछ भी दिखाई नहीं देता है । जिस पेड़ पर उसने कवितालिखी और पुरस्कृत भी हुई । उस पेड़ को भी काटने की बेझिझक अनुमति लेखक देता है । क्योंकि उसमें उसका निजि स्वार्थ छिपा हुआ है ।

निष्कर्षतः हम यह कह सकते हैं कि गिरीश पंकज ने 'ईश्वर की प्रतीक्षा' नामक लघु-कहानी संग्रह में समाज को पर्यावरण के प्रति सचेष्ट करने का प्रयास किया है । आजकल यह पूरी तरह से सत्य है कि नेता, सामाजिक कार्यकर्ता एवं अन्य विशिष्ट जन एक ओर तो सामाजिक दिखावा करते हैं कि ज्यादा से ज्यादा वृक्ष लगाकर हम पर्यावरण की रक्षा कर रहें हैं तो वहीं दूसरी तरफ वे विभिन्न प्रकार से पर्यावरण को प्रदूषित कर रहें एवं पर्यावरण को हानि पहुँचा रहे हैं । ऐसा नहीं होना चाहिए । जरूरत है आज के समाज में विभिन्न प्रकार के पर्यावरण को प्रदूषित होने से बचाने हेतु जन मानस में जागृति लाने की और उन्हें पर्यावरण को बचाने हेतु कृत संकल्प होने की । वर्तमान समय में अधिक से अधिक पेड़-पौधों को लगाकर, उनकी देखभाल करके जल, जंगल और जमीन की रक्षा करने से ही हम अपनी आगामी पीढ़ियों के लिए एक स्वच्छ एवं स्वस्थ पर्यावरण का निर्माण कर सकेंगे तथा उनका जीवन सुखी, संपन्न एवं स्वस्थ बना सकेंगे । जब हम वर्तमान समय में ऐसा दृढ़ संकल्प करेंगे तभी भविष्य में हम पृथ्वी पर स्वस्थ जीवन जी सकेंगे और हमारी भावी पीढ़ी स्वस्थ, सुखी, निरोगी एवं दीर्घायु रह सकेगी ।

संदर्भग्रंथसूची

गिरीश पंकज- ईश्वर की प्रतिक्षा

संपर्कसूत्र-

*** पूनम शर्मा**
शोधार्थी, पीएच.डी. (हिंदी),
उच्च शिक्षा और शोध संस्थान,
दक्षिण भारत हिंदी प्रचार सभा मद्रास
**** संतोषकांबळे**
शोधार्थी, पीएच.डी. (हिंदी),
कवयित्री बहिणाबाई चौधरी उत्तर महाराष्ट्र विश्वविद्यालय, जलगाँव,
महाराष्ट्र

[1] *गिरीश पंकज- ईश्वर की प्रतिक्षा, पृ.सं.-६०.*
[2] *गिरीश पंकज- ईश्वर की प्रतिक्षा, पृ.सं.-६०.*
[3] *गिरीश पंकज- ईश्वर की प्रतिक्षा,*
[4] *गिरीश पंकज- ईश्वर की प्रतिक्षा,*
[5] *गिरीश पंकज- ईश्वर की प्रतिक्षा,*

15

आदिवासी हिन्दी कहानियों में अभिव्यक्त विद्रोह का स्वर

रत्नेशकुमार

शोधसारांशः

वर्तमान समय में आदिवासी समाज की संरचना में तीव्र बदलाव हुए हैं। बाह्य समाज की गतिविधियों का प्रभाव आदिवासियों के जल , जंगल व जमीन तक सीमित न होकरउनके बौद्धिक जगत में भी देखा जा सकता है। प्राकृतिक संसाधनों से परिपूर्ण आदिवासी अंचल वर्तमान में बाह्यसमाज की उन्नति का अखाड़ा बन चुका है। इससे आदिवासियों के परम्परागत अधिकार खत्म होते जा रहें हैं। अपने संसाधनों को नष्ट होने से बचाने के लिए आदिवासियों ने हमेशा से विभिन्न बाह्य शक्तियों से लोहा लिया है। वर्तमान में भी वे इस दिशा में निरंतर प्रयत्नशील हैं। इसकी अनुगूंज अनेक आदिवासी कहानियों में चित्रित हुई है। वर्तमान में आदिवासियों ने अपनी आवाज को शिक्षा के बल और भी अधिक सुदृढ़ किया है। इसे इन कहानियों के विभिन्न पहलुओं से समझा जा सकता है। बाह्य समाज की लैंगिक भेदवादी सोच आदिवासी स्त्री जीवन की गरिमा को दूषित कर रही है। ऐसी कुंठित सोच के खिलाफ कई आदिवासी जागरूक स्त्री – पुरुष अपने समाज को बचाने में दृढ़संकल्प हैं। आदिवासी अपने समाज में हो रहे ऐसे बाह्य एवं आंतरिक नकारात्मक परिवर्तनों के खिलाफ विद्रोह की आवाज उठा रहा है। इसे आदिवासियों कहानियों ने बहुत ही सार्थकता से चित्रित किया है।

बीज शब्द :

आदिवासियत, अस्पृश्यता, अमानवीयता, अस्मिता, विस्थापन, सामूहिक चेतना, कृषि एवं वन उत्पाद, बिचौलिए, पुरखे, शैक्षिक चेतना आदि ।

आदिवासी समाज सामूहिकता की चेतना पर आधारित है । सबको साथ लेकर चलने की भावना आदिवासी दर्शन का मेरुदण्ड है । बाह्य समाज से स्वार्थपरक भावनाओं का आदिवासी समाज में आना उनके मूल्यों के लिए खतरा बनता जा रहा है । सामूहिकता के बल पर ही आदिवासियत का अस्तित्व हजारों वर्षों से बना हुआ है । अपनी सामूहिक चेतना के बल पर ही आदिवासियों ने अनेक शक्तिशाली शक्तियों से लोहा लिया है । वर्तमान युग की स्वार्थपरक सत्ताओं के विरुद्ध भी आदिवासी अपने समाज के मूल्यों को बचाने की दिशा में निरंतर प्रयत्नशील है । अनेक जटिलताओं के बावजूद वह अपनी पहचान बनाये रखने में संघर्षरत है । आदिवासी संस्कृति में जल , जंगल एवं जमीन का विशेष महत्व है । इनके बगैर आदिवासियत की पहचान खत्म हो जायेगी । अपनी इस पहचान को बनाये रखने में संघर्षरत आदिवासी युवक पांडु की तस्वीर को 'वाल्टर भेंगरा तरुण' ने 'जंगल की ललकार' कहानी में बहुत सुन्दर ढंग से अभिव्यक्त किया है । सरकार द्वारा आदिवासियोंसे जंगल के अधिकारों को छीनने से उनका आर्थिक ढाँचा चरमरा जाता है । उन्हें उनके परम्परागत जंगल में जाने से रोक दिया जाता है । यही नहीं सरकार के नुमाइंदे उनकी बहन – बेटियों की इज्जत तक से खिलवाड़ करते हैं । इसके प्रतिकार में पांडु बंजर भूमि में पेड़ लगाकर अपना जंगल फिर से बनाने का संकल्प करता है । इस कार्य में गाँव अन्य लोग भी उसका साथ देते हैं । इस संकल्प के बारे में वह अपने पिता से कहता है कि –"हम अपना जंगल लगा रहें हैं ,आबा ! यह गाँव का जंगल होगा । इसे सरकार भी नहीं ले सकती है । यह हमारी रैय्यती खुंटकटी जमीन है । अब हमें तुम्हारे समान जेल नहीं जाना पड़ेगा । हम अपने पेड़ों की लकड़ियाँ काटेंगें । कोई सिपाही मंगरी या चानो को पकड़ कर नहीं ले जाएगा ।"[1]

आदिवासियों के साथ प्राचीनकाल से ही बाह्य समाज छल करता आया है । इसके प्रतिरोध में आदिवासियों ने भी समय – समय पर अपनी आवाज उठाई है । उनके इस अदम्य साहस को विभिन्न लोककथाओं में आज भी याद किया जाता है ।ऐसी ही एक लोककथा को 'हरिराम मीणा' ने अपनीकहानी 'अमली' में चित्रण किया है । यह कहानीराजस्थान के डांग क्षेत्र कीघुमंतू नट जनजाति की एक लड़की अमली के जीवन पर आधारित है । बचपन से ही वह रस्सी में चलने के खेल में निपुण थी । उसके इस करतब की परीक्षा लेने के लिएतिमनगढ़ के राजा

ने उसे चुनौती दे डाली । उन्होंने घोषणा कर दी की यदि अमली एक कोस रस्सी में चलाकर दिखा देगी तो वे उसे अपना आधा राज्य दे देगें । उनके इस अभिमान भरे आमंत्रण को अमली स्वीकार कर लेती है । राजा द्‌वारा निर्धारित लक्ष्य को अमली पाने वाली ही होती है कि धूर्त रानी रस्सी को कटवा देती है ।इससे अमली की मौत हो जाती है । अपने साथ हुए इस छल से अमली बहुत आहत होती है । वह राजवंश को माफ़ नहीं करती है । लोगों का विश्वास है कि अमली के श्राप से तिमनगढ़ के राजवंश समूल विनाश हो गया । इस सम्बन्ध में लेखक ने लिखा है कि – "घुमंतू कबीले के नटों की उस होनहार लड़की अमली ने सभी श्रेणी के दर्शकों को साक्षी मानकर मरने से ठीक पहले राजा व रानी को यह शाप दिया था कि तुम सब गवाह हो इस बात के कि मेरे साथ घोर अन्याय किया गया है । देखना लोगों , बहुत वक्त नहीं गुजरेगा , तिमनगढ़ के इन राजा – रानियों का यह गढ़ उजड़ जायेगा ।"[2]

आदिवासी समाज में अस्पृश्यता का आगमन बाह्य समाज की देन है । बाह्य समाज के लोग अपनी वर्णवादी सोच से आदिवासी संस्कारों को लगातार विकृत कर रहें हैं । शिक्षित आदिवासी युवावर्ग इस अमानवीय सोच के खिलाफ है । वह अपने ही पूर्वजों की जमीनों में बाह्य लोगों की तानाशाही एवं अपने लोगों की दुर्दशा से आहत है । वह चाहता है कि उसके लोग भी संविधान द्‌वारा प्राप्त अधिकारों को जानकर गरिमापूर्ण जीवन जी सकें । आदिवासी क्षेत्रों में बाह्य समाज से आये तानाशाही रवैये वाले लोग वहाँ के परम्परागत आदिवासियों के साथ गुलामों जैसा व्यवहार करते नजर आते हैं । आदिवासियों के साथ होने वाली यह अस्पृश्यता की समस्या दलित संवेदना से मिलती नजर आती है । 'रूपलाल बेदिया' की कहानी 'जूठे प्लेट' इस समस्या पर प्रकाश डालती है । साथ ही कहानी में आदिवासी शिक्षित वर्ग में इस समस्या के खिलाफ उभरती चेतना का भी कहानी में अंकन किया गया है । आधुनिक शिक्षा प्राप्त रंगलालगाँव के नागेसर शर्मा के यहाँ शादी में अपने लोगों को भूखे पेट जूठे प्लेट धोते देखकर परेशान हो उठता है । वह अपने लोगों को ऐसा अमानवीय कार्य करने से रोकता है । वह संविधान द्‌वारा प्रदत्त अधिकारों को भी उन्हें बताता है । वह अपने लोगों में घर कर चुके दकियानूसी विचारों पर हमला करते हुए कहता है कि – "हम तो अपने हक की बात कर रहे हैं । हम उनके खेतों में काम करेंगे , पर बेगार नहीं करेंगे । उनके शादी – बिहा में काम करेंगे , लेकिन मुफ्त की सेवा नहीं करेंगे यानी काम के उचित दाम लेंगे । और ध्यान रखिए, किसी भी हाल में अपमान नहीं सहेंगे ।"[3]

आदिवासियों को उनके कृषि एवं वन उत्पादों का सही मूल्य उन्हें प्राप्त नहीं हो पाता है । सरकार द्‌वारा अनेक प्रयत्न करने पर भी इस दिशा में आशाजनक

सफलता नहीं मिली है । आदिवासियों के इस शोषण मेंविभिन्न साहूकार एवं बिचौलियों की महती भूमिका है । वे आदिवासियों से उनकी उपज को कम दाम में खरीदकर खुद जमकर मुनाफ़ा कमाते हैं । इस कार्य में प्रायः स्थानीय अधिकारी भी महाजनों के पक्ष में होते हैं । ऐसे शोषण के खिलाफ भी संघर्षशील आदिवासी वर्ग आवाज उठा रहा है । इसकी एक झलक 'मंगल सिंह मुंडा' की कहानी 'महुआ का फूल' में देखी जा सकती है । इस कहानी में आदिवासियों का सरपंच करमू पैसों के लालच में अपने लोगों का साथ न देकर साहूकार मूलचंद का साथ देता है । मूलचंद अपने गुंडे भेजकर जबरन आदिवासियों के उत्पाद को सस्ते दाम पर खरीदता है । उसके इस अत्याचार से गाँव का हर सदस्य भयभीत रहता है । आधुनिक शिक्षा प्राप्त राधिका मूलचंद के अन्याय का प्रतिकार करती है । वह अपने समाज के स्त्री – पुरुषों को अपने अधिकार के लिए संघर्ष करने को प्रेरित करती है ।वह मूलचंद के गुंडे को अपनी बहादुरी से मार देती है । इस कार्य के लिए उसे भले ही सजा हो जाती है लेकिन आदिवासी महिलाओं में वह अन्याय के विरुद्ध मशाल जलाने में सफल हो जाती है ।इसे एक स्त्री द्वारा अपने समाज के पुरुषों की कायरता पर तंज किए गए कथन से समझा जा सकता है – "तुम मर्द जात केवल परा – परोसा जानते हो । दाना पानी कैसे आता है । तुम नहीं जानते । बहू बेटियों की इज्जत लुटती रही । और तुम्हारे कानों में जूं तक नहीं रेंगती । हाय मरद जात । राधिका तुझे दाद देती हूँ । तूने ब्लेड की एक ही टान में दुष्ट बीरजू की अंतड़ी बाहर कर दी । साला बीरजू , माँ बेटी की इज्जत क्या चीज होती है , अब जान गया न ।"[4]

आदिवासी स्त्री – पुरुषों को मिलकर अपने समाज में आ चुकी समस्याओं से लड़ना होगा । आदिवासी स्त्रियों के प्रति बाह्य समाज की भोगवादी दृष्टि का प्रतिकार आदिवासी स्त्री एवं पुरुष दोनों को मिलकर करना होगा । इसके लिए राधिका जैसी अन्य स्त्रियों को भी सामने आना होगा । इसके अतिरिक्त आदिवासी पुरुषों को भी अपनी तंद्रा से जागकर अपनी स्त्रियों का साथ देना होगा । ऐसी सामूहिक चेतना आदिवासी अस्मिता को बनाये रखने के लिए जरूरी है । इसकी एक झलक 'रोज केरकेट्टा'ने अपनी कहानी 'मैना' में दिखाई है । कहानी में जागरूक आदिवासी युवावर्ग अपनी स्त्रियों की रक्षा के लिए एकजुट दिखता है । वह बाह्य समाज के मनचले गुंडों की पिटाई करने से भी पीछे नहीं हटता । उनकी यह सामूहिक पहल उनके समाज को नयी दिशा प्रदान करती है । इसे फिल्मोन की बात से समझा जा सकता है – "डर से हम अपने घरों में क्यों बंद रहें ? हम भी भात खाते हैं । गुंडे –बदमाश भी भात खाते हैं । तब वे क्यों अकड़कर रहेंगे और हम

उनसे डरते रहेंगे ? उस दिन हम गिर गए ,नहीं तो गुंडों को बता देते । इन सबसे बचने के लिए लड़का –लड़की सबको एक – दूसरे का साथ देना चाहिए । तभी हम अपनी आजादी की रक्षा कर सकेंगे ।"[5]

विस्थापन की समस्या आदिवासी अस्मिता के लिए निरंतर खतरा बना हुई है । विस्थापन नेन सिर्फ आदिवासियों को आर्थिक रूप से जर्जर बनाया है बल्कि उन्हें आदिवासियत से भी मिटाने का कार्य किया है । अपने पुरुखों की जमीन से उन्हें विकास के नाम पर धकेल दिया जाता है । इस प्रक्रिया में उनका भविष्य अंधकारमय हो जाता है । अपनी मिटती पहचान के लिए आदिवासियों ने हजारों वर्ष से संघर्ष किया है । वे आज भी इस शोषण के खिलाफ आवाज उठा रहें हैं । 'भगवान गव्हाडे' की कहानी 'गोल्डन सिटी' में ऐसे विद्रोही स्वर को रेखांकित किया गया है ।आदिवासियों के गाँव सोनवाड़ी को नष्ट करके सरकार 'गोल्डन सिटी हिल स्टेशन' बनाने का निर्णय लेती है । इस फैसले से सोनवाड़ी के आदिवासियों का सबकुछ छिन जाएगा । इसीलिए गाँव के लोगों में इस फैसले से भयंकर असंतोष होता है ।उनकी आवाज पर जब सरकार कुछ नहीं करती तो वे स्वयं खुले संघर्ष के लिए तैयार हो जाते हैं । अपनी मातृभूमि के लिए वेप्राण देने से भी पीछे नहीं हटते । उनके इस अदम्य जीवटता को कहानी के पात्रसूर्यभान के शब्दों से समझा जा सकता है – "हमारी धरोहर यह जंगल ,पोखर – झील और जमीन जो हमारे पुरखों की अमानत हैं , इन पर भी संकट आएगा ,हम उसका मिलकर सामना करेंगे । हमने आजादी का नाम तो सुना था लेकिन मैं पूछता हूँ आजादी किस खेत की मूली का नाम है? हमसे पूछे बगैर हमारे ही इलाके में सरकार के नुमाइंदे, सफेद पोश बाबू लोग दखल – अंदाजी कर रहे हैं , यह हमसे बर्दाश्त नहीं हो रहा है ।"[6]

आदिवासी विद्रोह के स्वरुप को बाह्य आवाज के साथ – साथ आंतरिक मर्मभेदी अनुगूंजों में भी सुना जा सकता है । देश के विकास में आदिवासियों के संसाधनों को तो महत्व दिया लेकिन आदिवासियों को नहीं । उनकी ही पुरखों की जमीन पर आधुनिक भारत के मंदिरों का निर्माण किया गया । जिससे पूरे देश के लोगों को भौतिक सुविधाएँ मिल सकें । इस प्रक्रिया में आदिवासियों को लगातार उनके घरों से उजाड़ा गया । उनकी स्त्रियों के शरीर को बारम्बार अपवित्र किया गया । आदिवासियों की इस भयंकर मनोदशा को विकास के आँड़ में दबा दिया जाता है । जब कोई शिक्षित आदिवासी आधुनिकता का दंभ भरने वाले बाह्य समाज के इस कुकृत्य से परिचित होता है तो वह अपने को छला हुआ महसूस करता है । उसके अन्दर विद्रोह की अनंत चिंगारियाँ एक साथ प्रस्फुटित हो जाती हैं

। लेकिन व्यवस्था के सामने वह अपने को लाचार पाता है । अपने समाज के नष्ट हो चुके आशियानों पर अपने करुणा के सागर को प्रकट करने के सिवाय उसके पास और कुछ नहीं बचता । ऐसी ही संवेदना का चित्रण 'पीटर पौल एक्का' की कहानी 'परती जमीन' में हुआ है । आदिवासी इलाके में बन रहे बाँध में एक आदिवासी युवक जूनियर इंजीनियर की नौकरी में काम करता है । वहाँ काम करने वाले बाह्य समाज के लोगों की आदिवासियों के प्रति सोच से वह बेहद आहत होता है । वह अपने लोगों में चेतना लाने का प्रयास भी करता है । लेकिन उसके वरिष्ठ वहाँ से उसका ट्रांसफर करवाने में सफल हो जाते हैं । अपने लोगों की दुर्दशा से उसके अंदर विद्रोह की चिंगारी जल उठती है । वह सोचता है कि –"हमारा तन –मन ,हमारी जमीन, हमारी जीविका ,हमारी इज्जत ,हमारा सब कुछ लूटकर जो बाँध तैयार होगा ,जो नहरें खोदी जायेंगी ,उससे किनके खेत सिचेंगे ,जो बिजली तैयार होगी उससे किनके घर –आँगन रोशन होंगे?"[7]

आदिवासी समाज को अपनी अस्मिता की रक्षा के लिए आपसी सहयोग की जरूरत है । इसके लिए उन्हें शिक्षित होना बेहद जरूरी है । शिक्षा ही वह प्रबल हथियार है जो उन्हें अन्धकार से निकाल सकता है । आज जरूरत है कि प्रत्येक आदिवासी अपनी जिम्मेदारियों का निर्वहन अपने समाज एवं देश के लिए करे । इससे वे बाह्य समाज के चंगुल से भी आजाद हो सकेगें ।आदिवासी युवावर्ग के कर्तव्यबोध को'एलिस एक्का' ने अपनी कहानी '15 अगस्त ,बिलचो और रामू' में बहुत ही बारीकी से चित्रित किया है । इस कहानी में श्रीमती एक्का ने आदिवासी युवावर्ग में फ़ैल रही शिक्षा की चेतना का सुन्दर अंकन किया है । रामू एवं बिलचो दोनों अपने समाज की उन्नति के लिए तत्पर हैं । रामू के समझाने पर बिलचो शिक्षा के महत्व को समझ जाती है । वह अपनी शेष पढ़ाई के लिए तैयार हो जाती है । अपने समाज को चेतनशील बनाने के लिए वह अपने कर्तव्य पर भी दृढ़ हो जाती है । इस सम्बन्ध में वह रामू से कहती है कि – "सच कहते हो रामू ,मुझे शिक्षा में अवश्य आगे बढ़ना चाहिए । अगर ऐसा न हो, तो हम और हमारा ग्राम कभी आगे नहीं बढ़ सकेगा । हमें एक – एक को शिक्षित बनाना है । देखते नहीं , शहर के महाजन और दूकानदार हम भोले अनपढ़ों को कितना ठग देते हैं । वे हमारी अशिक्षा का ही पूरा फायदा उठाते हैं । क्या हम ऐसे ही ठगाते रहेंगें ? रामू मैं अवश्य पढ़ूँगी और इसी स्कूल की प्रधानाध्यापिका बनूँगी ।"[8]

निष्कर्ष:

इस प्रकार हम देख सकते हैं कि आदिवासी कहानियों में आदिवासी विद्रोही चेतना का स्वर बहुत ही सम्यक ढंग से उठाया गया है । आदिवासियों के हजारों

वर्षों के शोषण का मर्मभेदी स्वर इन कहानियों में आधुनिक चेतना के रूप में उभरकर सामने आया है। बाह्य समाज के हथकंडों का पर्दाफाश करने में ये कहानियाँ सफल हैं। साहित्य की अन्य विधाओं की भाँति कहानियों ने भी आदिवासियों की आवाज को जन – जन में पहुँचाने में अपनी महती भूमिका निभाई है।ये कहानियाँ आदिवासी स्त्री – पुरुषों की मनःस्थिति का सफल चित्र खींचने में पूर्णतः सफल हैं। इसीलिए इन कहानियों को व्यापक आयाम में देखने की जरूरत है। इससे आदिवासी विमर्श के नए आयाम का मार्ग सुनिश्चित होगा।

संपर्कसूत्र-

रत्नेशकुमार

शोधार्थी ,हिन्दीविभाग

इंदिरा गाँधी राष्ट्रीय जनजातीय विश्वविद्यालय, अमरकंटक, मध्य प्रदेश

मो.- 6386819215

Email– ratneshkumarvns09@gmail.com

1 जंगल की ललकार ,वाल्टर भेंगरा तरुण ,जंगल की ललकार ,सत्यभारती प्रकाशन ,राँची -2014 ,पृ. सं. -11

2 वांग्मय , सं.- डॉ. एम.फीरोज अहमद , आदिवासी कहानी अंक , अमली , हरिराम मीणा ,जुलाई – सितम्बर (2015) , पृ. सं.- 38

3 - वांग्मय, सं.- एम.फीरोज अहमद, आदिवासी कहानी अंक, जूठे प्लेट, रूपलाल बेदिया, जुलाई – सितम्बर (2015), पृ. सं.– 71

4 - आदिवासी कहानियाँ, सं. केदार प्रसाद मीणा, महुआ का फूल, मंगल सिंह मुंडा, अलख प्रकाशन, जयपुर – 2013, पृ. सं.– 82

5 - पगहा जोरी– जोरी रे घाटो, रोज केरकेट्टा, मैना, प्रभात प्रकाशन, नई दिल्ली -2019, पृ. सं.- 104

6 - वांग्मय, सं.- एम.फीरोज अहमद, आदिवासी कहानी अंक, गोल्डन सिटी, भगवान गव्हाडे, जुलाई–सितम्बर (2015)पृ. सं. – 89

7 -परती जमीन, पीटर पौल एक्का एस. जे., परती जमीन, सत्यभारती प्रकाशन, राँची, पृ. सं. -7

8 - एलिस एक्का की कहानियाँ, सं. वन्दना टेटे, '15 अगस्त, बिलचो और रामू', एलिस एक्का, राधाकृष्ण प्रकाशन, नई दिल्ली – 2015, पृ. सं.- 65

16

उषा प्रियंवदा के साहित्य में प्रवासी-विमर्श

गीतिका शाइकिया

विमर्श से अभिप्राय है किसी विशेष व्यक्ति समूह या विषय पर चिंतन अथवा चर्चा। आजकल साहित्य में कई विमर्श प्रचलित है। प्रवासी विमर्श उन्ही में से एक नया विमर्श है जिसने साहित्य के माध्यम से अपनी एक अलग जगह बनाई है। प्रवासी विमर्श की विशेषता यह है की इसके अंतर्गत रचनात्मक साहित्य अधिक लिखा गया है। आलोचनात्मक पक्ष पर इतना बल नहीं दिया गया है। प्रवासी लोगों की तीन श्रेणियाँ बनाई जा सकती है। एक श्रेणी में वे लोग हैं, जो गिरमिटिया मजदूरों के रूप में मारिशस, गुआना, त्रिनिडाड, दक्षिण अफ्रीका आदि देशों में भेजे गए थे। दूसरी वर्ग में ८० के दशक में खाड़ी देशों में गए अशिक्षित, अर्धशिक्षित, कुशल अथवा अर्धकुशल मजदूर आते हैं। तीसरी श्रेणी में ८०-९० के दशक में गए सुशिक्षित मध्यवर्गीय लोग आते हैं जो बेहतर भौतिक जीवन के लिए अपना देश छोड़कर अन्यत्र जा बसे।

प्रवासी जीवन की विडंबना की जो त्रासदी है वो सिर्फ प्रवासी लोग ही समझ सकते हैं। दो संस्कृतियों के बीच उलझकर ये लोग पूरी तरह से किसी एक संस्कृति का अंग नहीं रह पाते। प्रवासी साहित्य के लेखन में महिला लेखिकाओं की अहम भूमिका देखने को मिलती है। महिला लेखिकाओं में सुषमा बेदी, सुधा ओम ढींगरा, जकिया जुबेरी, नीना पाल, दिव्या माथुर, उषा प्रियम्वदा, उषा राजे सक्सेना, आदि उल्लेखनीय हैं। उषा प्रियम्वदा ऐसी साहित्यकार हैं जिन्हें अंग्रेजी और हिन्दी दोनों भाषाओं की बहुश्रुतता और देश विदेश का विशेष अनुभव प्राप्त हैं। उषा प्रियम्वदा

ने अपने उपन्यासों और कहानियों में प्रवासी जीवन की अनेक समस्याओं पर प्रकाश डाला है । दोनों संस्कृतियों की टकराहट से उत्पन्न विचारों और मूल्यों में आए परिवर्तन को उषा प्रियम्वदा ने अपनी गहन रचनात्मक लेखन से पाठकों के सामने रखा है ।

प्रवासी :अर्थवपरिभाषा, साहित्यऔरसमस्याएँ

प्रवासीकाअर्थ :

प्रवास एक ऐसी पक्रिया है जिसमें एक व्यक्ति या समूह अपना जन्म स्थान छोड़कर किसी दूसरे स्थान पर बस जाते हैं । प्रवासी वह व्यक्ति है जो विभिन्न सुविधाओं की तलाश में जीवन के अवसरो को खोजते हुए, सुरक्षित व उज्ज्वल भविष्य का सपना लिए अपनी जन्मभूमि छोड़कर दूसरी जगह में रहने की इरादे से जाते हैं ।

हिन्दी शब्द सागर' में प्रवासी शब्द का अर्थ है - विदेश में निवास करने वाला, परदेश में जाकर बसने या रहने वाला ही दिया गया है ।

पंजाबी साहित्यकार डॉ. कर्नेल सिंह एक लेखन में प्रवासी शब्द की परिभाषा देते हुए कहते हैं की - 'प्रवासी शब्द 'पर' और 'वासी' दो शब्दों का जोड़ है । पर से अभिप्राय दूसरा और पराया होता है । 'वासी' किसी स्थान के निवासी को कहा जाता है । इस प्रकार 'प्रवासी' शब्द किसी अन्यत्र स्थान पर जाकर बसने वाले व्यक्ति को कहा जाता है ।

प्रवासीसाहित्य :

प्रवासी भारतीयों द्वारा रचित साहित्य प्रवासी साहित्य कहा जाता है । हिन्दी, उर्दू, पंजाबी आदि कई भाषाओं में प्रवासी साहित्य रचे जा रहें हैं । प्रवासी साहित्य को दो संस्कृतियों के मिलन का साहित्य बताते हुए ब्रिटेन की रचनाकार उषा प्रियम्वदा, राजे सक्सेनालिखती है 'आज का प्रवासी हिन्दी साहित्य उन सभी कलमकारों को समेटता है जो विश्व के विभिन्न देशों के बेहतर भविष्य की खोज में बिना किसी दबाव या शर्त के गए । वहाँ की नागरिकता ली । उस देश के जन जीवन से परिचय बढ़ाया, उसे समझा जाना, अनुभव किया, भोगा और जिया । फिर पीछे छोड़े हुए देश के खट्टे-मीठे स्वाद को हृदय में सँजोए नए देश के रीति -रिवाज से समझोते करते जीवन की नई राह निकाली ।'

प्रवासियोंकीसमस्याएँ :

प्रवासी साहित्यकार ने भिन्न विषयों को आधार बनाकर साहित्य लेखन का कार्य किया है । इन्होनें जहाँ समाज में व्याप्त अनेक समस्याओं को वर्णित किया है, वहीं इनके पात्र मानसिक समस्याओं से भी घिरे दिखाई देते हैं । प्रवासी

साहित्यकार अपने इन्हीं अनुभवों को आधार बनाते हैं। प्रवास के दौरान व्यक्ति को अनेक शारीरिक व मानसिक समस्याओं का सामना करना पड़ता है जिनमें से अस्तित्व की पहचान का संकट भी प्रमुख है। प्रवासी अपनी पहचान बनाने की दिन रात कोशिश करता है। वह समझ नहीं पाता की वह स्वयं को किस जगह का माने : जहाँ का वह है या जहाँ वह रह रहा है। प्रवास में भारतीयों को अनेक प्रकार के शोषण, विडंबनाओं, विरोधाभासों अकेलापन और कुंठाओं आदि का सामना करना पड़ता है। प्रवास में रहनेवाले व्यक्ति को भारत में छूटे उसके परिवार को लेकर भी अनेक चिंताओ को सहना पड़ता है।

उषाप्रियम्वदाकेकथा-साहित्यमेंप्रवासीविमर्श

प्रवासी रचनाकारों की सुदीर्घ सूची में जिन साहित्यकारों का नाम विशेष रूप से लिया जाता है उनमें उषा प्रियम्वदा का नाम प्रमुख है। उषा प्रियम्वदा की रचनाओं का परिवेश भारतीय और विदेशी दोनों रहा है। "आधुनिक युग में महान घूमक्कड़ और विराट व्यक्तित्व के धनी साहित्यकार राहुल सांकृत्यायन ने देश-विदेश के अगम्य क्षेत्रों का न केवल अन्वेषन किया अपितु गंगा और बोलगा नदियों पर अपनी दार्शनिक दृष्टि से समन्वयकारी विचारधारा को संतुष्ट किया है। आज प्रवासी हिन्दी साहित्य से जुड़ी सबसे बड़ी अपेक्षा समन्वय है। उषा प्रियम्वदा प्रवास से पूर्व ही लेखन के क्षेत्र में आ चुकी थी। उन्होनें अपनी रचनाओं के लिए उत्तम अपनी मातृभाषा हिन्दी को चुना और अपनी गहन संवेदनशील दृष्टि से हिन्दी साहित्य को समृद्ध किया। प्रवासी भारतीय जीवन के यथार्थ, उनकी समस्याओं, दृष्टियों, और जीवन मूल्यों में आए परिवर्तन को उषा प्रियम्वदा ने नए रूप में अपने अंदाज में रूपायित किया है। उषा प्रियम्वदा का उपन्यास 'शेषयात्रा' प्रवासी जीवन के संघर्ष तथा समस्याओं से पूर्ण है। भारत में विदेशी युवकों से बेटी का विवाह सौभाग्य माना जाता है और यहाँ से मोहभंग और संघर्ष शुरू होती है। 'अनु' जो भारत के मध्यवर्गीय परिवार की सरल लड़की है आँखों में हजार सपनेलिए विदेश जाती है वहाँ कुछ समय बाद ही विदेशी जीवन का कड़वा सच का साक्षात्कार कर लेती है। भारत की कोमल, संस्कारी, सरल 'अनु' टूटकर बिखरकर रह जाती है। विदेशी अनजान परिवेश में अपने पति द्वारा त्याग दिये जाने और बेवफाई से त्रस्त होकर अनु अपने सारे सपनों को मन में ही मार डालती है। अनु परिस्थिति का सामना करके एक नए रूप में खुद को प्रतिष्ठित करती है और सफल होती है।

उषा प्रियम्वदा का उपन्यास 'रुकोगी नहीं राधिका' में राधिका खुद में ही उलझी एक लड़की है जिस पर घर; परिवार के एकांकीपन का प्रभाव है। अपनी माँ की

मृत्यु के बाद पिता-बेटी की उम्र की विद्या के साथ पुनर्विवाह कर लेते है जिसे राधिका सहज स्वीकार नहीं कर पाती है। राधिका अपने पिता के हम उम्र व्यक्ति 'डेन' के साथ अमेरीका चली जाती है जहाँ थोड़े ही समय के बाद डेन भी राधिका से अलग हो जाता है क्योंकि डेन को लगता की राधिका उसमें अपनी पिता के प्रेम को ढूँढती है। शिक्षा पूरी करने के पश्चात राधिका अपने पिता से मिलने के लिय व्याकुल होकर भारत लौटती है पर जल्द ही उसके उत्साह का भी मोहभंग हो जाता है। विद्या की अचानक मृत्यु के बाद पिता राधिका को भारत में ही रह जाने के लिए कहते हैं राधिका अपने उलझे मन से परेशान इस प्रस्ताव को फिर से ठुकरा देती है। अपने बिखरते व्यक्तित्व को संभालने के लिए वह मनीष के साथ रहने लगती है। 'अंतर्वंशी' उपन्यास में भारत की 'वनश्री' विदेश पहुँचकर 'वाना' हो जाती है। अमरीका में जहाँ हर कोई सफलता का शिखर चुमना चाहता है, हर कोई एक ही पागल दौड़ में रत है। वाना अपने गृहस्थी जीवन मे व्यस्त और लाचार है और फिर से अपनी पढ़ाई पूरी करना चाहती है। शिवेश उसका पति शोधार्थी है परंतु अपनी जिम्मेदारियों को संभालने में सक्षम नहीं है। वाना जब फिर से अपनी पढ़ाई पूरी करने के लिए आगे बढ़ती है तो शिवेश उसे मना नहीं कर पाता है। पढ़ाई से वाना में आत्मविश्वास बढ़ता है और अच्छा महसूस करती है। शिवेश कई गैर कानूनी कार्य से जुड़ा होता है और पुलिस उसे गिरफ्तार कर लेती है। 'राहुल' जो शिवेश का मित्र है और वाना राहुल के व्यक्तित्व से पहले से ही आकर्षित होती हैं, इसी बीच दोनों करीब आते है और जब शिवेश के लौटने के पश्चात जब उसे पता चलता है की वाना उसे राहुल के लिए छोड़ रही है तो शिवेश आत्महत्या कर लेता है। वाना सब कुछ भूलकर अपने बच्चों सहित राहुल के साथ एक नए जीवन की शुरूवात करती है। इस उपन्यास में सफलता और अपनी पहचान की प्रतिष्ठा में हार और जीत का सिलसिला अपने कर्मों के अनुरूप दिखलाई पड़ता है। एक और वाना की अनजान परिवेश में आत्मप्रतिष्ठा की सकारात्मक मनःस्थिति दिखाई पड़ती है तो दूसरी ओर अपनी जिम्मेदारियों से भागता शिवेश अंत में कारुणिक मृत्यु को अपना लेता है।

'भया कबीर उदास' उषा प्रियम्वदा का चौथा उपन्यास है जो प्रवासी जीवन पर आधारित है। 'कैन्सर' की बीमारी से ग्रस्त महिला का विदेश में निसहाय और अकेलेपन का यथार्थ रूप में चित्रण किया गया है। इस उपन्यास के एक अंश में से पीड़ित महिला की मनःस्थिति को समझा जा सकता है, "मैं काँप काँप जाती हूँ। किसी से कहना चाहती हूँ- "सुनो मेरी छाती में कैन्सर हो गया है... पर ऐसा कोई भी नहीं हैं, कोई ऐसा मित्र बंधु-बांधव, बाल-बच्चा, पति या प्रेमी, आगे-पीछे कोई भी

नहीं ।" इस असहाय अवस्था, बेसहारापन की स्थिति को प्रवासी भारतीय हमेशा झेलते हैं ।

इसी तरह उषा प्रियम्वदा ने अपनी गहन संवेदनशील, सशक्त दृष्टि से बहुत ही महत्त्वपूर्ण साहित्य पाठकों को दिया है । उन्होनें अपने पात्रों के जरिए समाज को, व्यक्ति को, नई-नई समस्याओं को स्पष्ट रूप से अपने लेखन में दिखाने का प्रयास किया है । उषा प्रियम्वदा के साहित्य के पात्रों में साहस के साथ-साथ उलझन पूर्ण मनःस्थितियों का सामना कर बाहर निकलने का विवेकपूर्ण निर्णय भी विद्यमान है जो समाज को नई दृष्टि प्रदान करता है ।

संदर्भसूची-

१. उषा प्रियम्वदा का कथा साहित्य- डॉ. साधना शर्मा
२. प्रवासी हिन्दी साहित्य : वैश्विक परिदृश्य - डॉ. नवनीत कौर
३. प्रवासी हिन्दी साहित्य अवधारणा एवं चिंतन - प्रो. प्रदीप श्रीधर
४. शेषयात्रा - उषा प्रियम्वदा
५. रुकोगी नहीं राधिका- उषा प्रियम्वदा
६. अंतर्वंशी - उषा प्रियम्वदा
७. भया कबीर उदास - उषा प्रियम्वदा
८. कथा समय में तीन हमसफर - निर्मला जैन
९. कथाकार उषा प्रियम्वदा - डॉ. सुभाष पवार

संपर्कसूत्र-

गीतिका शाइकिया
शोधार्थी, असम विश्वविद्यालय, सिलचर

17

उषा प्रियंवदा के उपन्यासों में 'सांस्कृतिक द्वंद्व'

ए. चैतन्या

हिंदी साहित्य का आधुनिक काल गद्य काल के रूप में जाना जाता है क्योंकि इस काल में गद्य की अनेक विधाओं का विकास हुआ जिनमें से उपन्यास भी एक है। हिंदी उपन्यास आधुनिक काल में समाज का यथार्थपूर्ण चित्रण करने में सफल कहा जा सकता है। इस काल में हिंदी उपन्यास का विकास द्रुत गति से हुआ।

समय-समय पर उपन्यासकारों ने उपन्यासों में सांस्कृतिक द्वंद्व को विविध प्रकार से अभिव्यक्त किया है। इन उपन्यासों की मूल विषय-वस्तु हमारे जीवन के यथार्थ और कहीं-कहीं कपित यथार्थ से बुनी हुई हैं अतः कथानक की मूल संवेदना, पात्रों के द्वंद्व को अग्रसर करने वाला घटना-क्रम तथा अन्य संदर्भों द्वारा इन मानव- हृदय एवं सामाजिक जीवन में निरंतर चल रहे संघर्ष का जो रूप उकेरा गया है, वह जीवंत है, युगीन सामाजिक और सांस्कृतिक जीवन का चित्र है। अतः कहा जा सकता है की हिंदी के उपन्यासों में सांस्कृतिक द्वंद्व परंपरागत मूल्यों के विघटित होते हुए नए मूल्यों में परिवर्तित रूप में देखा जा सकता है।

हिंदी उपन्यासों में 'सांस्कृतिक द्वंद्व' की सत्ता १९६० के बाद के उपन्यासों में देखी जा सकती है। हिंदी उपन्यास यदि १९५० में अपने आधुनिकता बोध के कारण नवीनता की ओर अग्रसर हुआ तो सन् १९६० के आस-पास हिंदी उपन्यास की आधुनिक दृष्टि व्यक्ति के यथार्थ-जीवन, उस जीवन की जटिलता, उलझन

तथा भोगी और झेली हुई अनुभूतियों को रूपायित करने के कारण चलती हुई लीक से अलग हट गई । सातवें दशक के आरंभ में ही अज्ञेय और मोहन राकेश के उपन्यासों में प्रसंगतः विदेशी परिवेश आ चुका था जिनमें सन् १९६१ में मोहन राकेश का 'अंधेरें बंद कमरे' प्रकाशित हुआ 'अंधेरे बंद कमरे' उपन्यास में जिस मध्यवर्गीय जीवन का चित्रण हुआ है, वह पुराने मूल्यों को तोड़ देता है । इस उपन्यास में हरिवंश और नीलिमा का अंतद्र्वंद्व है । हरिवंश, नीलिमा को अपनी संपूर्ण भावनाओं के साथ प्यार करता है । पति के इस प्यार में नीलिमा अपने को समर्पित नहीं कर पाती । एक ही घर में, एक ही कमरे में, एक ही छत के नीचे रहकर भी वह स्वयं को पति से कटा हुआ अनुभूत करती है ।

नीलिमा का लंदन जाना और लंदन में डांस के बजाय बेबी-सिटिंग का काम करना वहाँ बर्मी कलाकार ऊ बाऊ से जुड़ना, होटल की बालकनी में चाँदनी रात के झुटपुटे में ऊ बाऊ से रोमांस को बढ़ाना तथा होटल का बिल चुकाने के लिए अपनी सोने की चूड़ियाँ बेच देना और ऊ बाऊ के साथ चरम-स्थिति पर पहुँचकर एक झटके के साथ अलग हो जाना उसके अंतः के द्वंद्व को उकेरता है । एक ओर वह पति से भी नहीं जुड़ पाती और दूसरी ओर प्रेमी से जुड़ना चाहकर भी उससे नहीं जुड़ पाती । यह है मध्यवर्गीय समाज में वैवाहिक जीवन की निरर्थकता, जिससे पैदा होती है पति-पत्नी के बीच ऊब, घुटन, कुंठा संत्रास एवं निर्वासन। उपन्यास की नारी पात्र नीलिमा का मानसिक द्वंद्व वस्तुतः दो संस्कृतियों अर्थात मध्य भारतीय और पाश्चात्य संस्कृतियों के मध्य के द्वंद्व को अभिव्यक्त करता है ।

हिंदी उपन्यासों में 'सांस्कृतिक द्वंद्व' भारतीय और पाश्चात्य संस्कृतियों के संदर्भ में लगभग सातवें दशक के आरंभ से ही देखा जा सकता है । यो तो सातवें दशक के आरंभ में ही अज्ञेय और मोहन राकेश के उपन्यासों में प्रसंगतः विदेशी परिवेश आ चुका था, पर विदेशी पृष्ठभूमि पर आधारित हिंदी का पहला उपन्यास निर्मल वर्मा का 'वे दिन' (१९६४) है । इससे पूर्व अज्ञेय ने अपने उपन्यास 'अपने-अपने अजनबी' में विदेशी पृष्ठभूमि को आधार बनाकर अस्तित्ववादी चिंतन के विचार को सृजनात्मक रूप दिया है । 'वे दिन' उपन्यास के सभी पात्र अकेलेपन का बोध करवाते हैं क्योंकि उपन्यास के पात्र-रायना, उसका पति, उसके बच्चे, फ्रांज, मारिया और टी-टी सभी अकेलेपन के बोध से पीड़ित हैं । सभी पात्र स्व-जीवन में व्यर्थता का अनुभव करते हैं । सभी के जीवन में एक तरह की उदासीनता, तटस्थता, व्यर्थता और खालीपन व्याप्त है जो एक-दूसरे के सुख-दुःख और संबंध से परिचित होना व्यर्थ समझते हैं । रायना, टी-टी, फ्रांज, मारिया का अकेलापन नियति से बंधा है । मनुष्य कहाँ से आया है, कहाँ जा रहा है, सब कुछ अज्ञात है।

मानव नियति के प्रश्न के कारण इसमें अस्तित्ववादी आधुनिकता उभरी है ।

“रायना, टी-टी, फ्रांज, मारिया सबके जीवन में एक खास तरह का रीतापन है उदासीनता है, भावहीनता तथा तटस्थता है । इन्हें एक दूसरें को जानना अधिक अच्छा लगता है, अधिक जानना दुख की बात बनती है ।”[1] उपन्यासकार ने उपन्यास के माध्यम से शहरी जिंदगी की जटिलता और वास्तविकता को पकड़ने का प्रयास किया है । नगरबोध से छुटकारा पाने के लिए कथा-नायक पहाड़ पर जाने की सोचता है । इस उपन्यास में “हर व्यक्ति दूसरे के लिए अंधेरा है ।”[2] इस तरह इसमें आधुनिकता, नगरीकरण की प्रक्रिया से उत्पन्न अजातीयता के बोध से उत्पन्न हुई है न तो उपन्यास के किसी भी पात्र को एक-दूसरे के संबंधों का बोध है और न किसी को किसी की आवश्यकता है । इस प्रकार से ‘वे दिन’ में एक संवेदनशील भारतीय पात्र के अवलोकन बिंदु से विश्वयुद्धोत्तर चेकोस्लोवाकिया की हताशा और अवसाद से भरा परिवेश प्रस्तुत हुआ है । सुनीता जैन ने भी अपने सफर के साथी (१९६६), बिंदु (१९७७) आदि उपन्यासों में विदेशी पृष्ठभूमि की झलक प्रस्तुत करने की कोशिश की है ।

पाश्चात्य संस्कृति का चित्रण जिन समकालीन हिंदी कथाकारों ने किया है, उनकी दो श्रेणियाँ की जा सकती हैं । प्रथम श्रेणी में वे लोग आते हैं जो विदेश में जाकर बस गए या जो लंबे समय तक वहाँ रहकर आए हैं । इन उपन्यासकारों में उषा प्रियंवदा, सुषमा बेदी, कृष्ण बलदेव वैद, लक्ष्मीधर मालवीय, महेंद्र भल्ला, सुनीता जैन, सीमा वीरा आदि । तथा दूसरी श्रेणी में वे कथाकार आते हैं जो थोड़े बहुत समय के लिए व्यापार आदि के लिए या सैलानियों के रूप में विदेश गए- इनमें प्रभा खेतान, रवींद्र कालिया, नासिरा शर्मा आदि प्रमुख हैं । इन उपन्यासकारों के उपन्यासों का संदर्भ तो मुख्यतः अमेरिका का ही है लेकिन कुछ उपन्यासों में इंग्लैंड (महेंद्र भल्ला), जापान (लक्ष्मीधर मालवीय), ईरान (नासिरा शर्मा) आदि के जीवन का भी चित्रण इस रूप में हुआ है कि भूमंडलीय स्थितियों ने वहाँ के जीवन और वहाँ बस गए भारतीयों को किस रूप में प्रभावित किया है ।

उषा प्रियंवदा अपने उपन्यासों में अमेरिका में बसे भारतीय समाज के व्यक्तियों के मन के अंतर-बाह्य का गहरा परिचय दिया है । विदेशी पृष्ठभूमि पराखे गये इनके उपन्यासों में- ‘रूकोगी नहीं राधिका’ (१९६७), ‘शेषयात्रा’ (१९८४), ‘अंतर्वंशी’ (२०००) और ‘भया कबीर उदास’ (२००७) प्रमुख हैं । इनके इन सभी उपन्यासों में भारतीय और पाश्चात्य संस्कृतियों के बीच द्वंद्व की स्थिति देखी जा सकती है । ‘रूकोगी नहीं राधिका’ लेखिका का नवीनतम परिवेश में लिखा हुआ सामाजिक उपन्यास है । इसमें एक भारतीय नारी की दुविधा को आधार

बनाया गया है जो अपनी दिशा तय नहीं कर पा रही है वह भारत से अमेरिका जाती है और उसे वहाँ जाकर एक सांस्कृतिक झटका लगता है। वह अपने को तनाव की स्थिति में पाती है- यहाँ रहे या भारत लौट जायें? उपन्यास का शीर्षक 'रूकोगी नही राधिका' उसके केंद्रीय पात्र राधिका के कभी न समाप्त होने वाले भटकाव का ही द्योतक प्रतीत होता हैं। लेखिका को इसमें इस बात का गहरा एहसास होता कि कटेपन का बोध सब जगह गहरा रहा है फिर चाहे व्यक्ति अमेरिका में रहता हो या भारत के किसी छोटे शहर में उनमें अकेलापन है-

"उसे लगा कि वह इस भीड़ शोर-शराबे, चहल-पहल से एकदम कटी हुई है, वह अपने परिवेश का भाग नहीं रही, वह यहाँ रहते हुए भी निर्वासिता है, उसका जीवन निरूद्देश्य यात्रा हैं, एक लंबी अंधकारपूर्ण सुरंग..."[3]

इस उपन्यास में लेखिका ने दर्शाया है कि कैसे भारतीय और पाश्चात्य संस्कृतियों में रहकर व्यक्ति अपने को कटा हुआ पाता है। 'रूकोगी नहीं राधिका' में भी एक तरफ पिता-पुत्री में अनुराग का तनाव है तो दूसरी तरफ मनीष-अक्षय के बीच डोलते रहने का द्वंद्व दिखाई देता है जो आखिर तक अनिश्चितता और सारहीनता के बोध को गहराता चलता है।

'शेषयात्रा' में लेखिका ने अमेरिकी समाज में स्त्री की चाहें वह अमेरिकी हो या फिर प्रवासी भारतीय दोनों की ही विडंबनापूर्ण नियति का साक्षात्कार कराया है। इसमें आधुनिक भारतीय नारी की तस्वीर को उभारा है जो कठिन और विपरित परिस्थितियों में भी अपनेलिए नया और सार्थक मार्ग चुन पाने में समर्थ होती है। 'शेषयात्रा' में लेखिका ने भारतीय और पाश्चात्य वातावरण की टकराहट को दिखाया है। इस उपन्यास के नायक और नायिका दोनों भारतीय है और पाश्चात्य संस्कृति के परिवेश में जाकर नायक प्रणव ने भारतीय होते हुए भी भारतीय संस्कारों को छोड़ दिया है। लेकिन अनु विदेश में रहकर भी भारतीय संस्कारों को भूलने में असमर्थ रहती है लेकिन बाद में पाश्चात्य संस्कृति से प्रभावित होते हुए अपना स्वतंत्र व्यक्तित्व निर्मित करती है। इस प्रकार से अनु और प्रणव दोनों के बीच संस्कारों के भूलने और न भूलने का संघर्ष शुरू से अंत तक चलता रहता है। डॉ. वी. के. अब्दुल जलील ने 'शेषयात्रा' में प्रवासी भारतीयों पर पड़े पाश्चात्य संस्कृति के प्रभाव को 'अनु' के माध्यम से बताया है- "नारी जीवन का यथार्थ दलित और आश्रित रहना ही नहीं बल्कि उसकी निजता उसका स्वावलंबन ही उसका यथार्थ है। यथार्थ को पहचानकर टकराकर आत्मविश्वास के साथ आगे बढ़कर अपनी आइडेंटीटी बनाये रखने में सफल होती है जीवन की शेषयात्रा विजय गाथा में परिणत होती है।"[4] लेखिका ने 'शेषयात्रा' में नारी को परंपरागत

सामर्थ्यहीन छवि को छोड़कर नए आत्मविश्वास से पूर्ण दिखाया है । स्त्री का परंपरावादी रूप हैं- पुरूष की परछाईं बनकर जीना लेकिन समकालीन समय में परिस्थितियाँ बदल गई है और उसका स्वतंत्र व्यक्तित्व सामने आने लगा है ।

उषा प्रियंवदा ने 'शेषयात्रा' और 'अंतर्वंशी' में अमेरिकी समाज में स्त्री की चाहे वह अमेरिकी हो या भारतीय विडंबनापूर्ण नियति का चित्रण किया है । 'अंतर्वंशी' में उस आधुनिक नारी की तस्वीर उकेरी गई है जो कठिन और विपरित परिस्थितियों में भी अपनेलिए नया और सार्थक मार्ग चुन पाने में समर्थ हो रही है ।

'अंतर्वंशी' उपन्यास में एक नए सिरे से अमेरिका में बसे भारतीय समाज के अंतर-बाह्य का गहरा परिचय दिया गया है । यह पहचान न केवल वहाँ बसे भारतीयों के आपसी रिश्तों और जीवन-शैली की है अपितु भारतीयों की एक पूरी पीढ़ी की भी है जो किन-किन रूपों में अपनी धरती से उखड़ वहाँ बसने की प्रक्रिया में संघर्षरत हैं । भले ही उसमें एक बेचारगी का भाव वहाँ बसने में न आया हो किंतु आज भी वे अपनी जमीन से किस प्रकार जुडे हुए हैं, किस प्रकार यहाँ के रिश्ते-नातों से उनके संबंधों का नया समीकरण विकसित होता है, इस सबका अत्यंत संश्लिष्ट चित्रण 'अंतर्वंशी' में हुआ है । वाना, राहुल, शिवेश आदि पात्र अपनी वैयक्तिकता के साथ-साथ उन भारतीयों के प्रतिनिधि चरित्र भी बनते है जो प्रतिवर्ष अमेरिका में जा बसते हैं ।

"अमेरिका के संदर्भ में विवाह-संस्था और नारी-स्वातंत्र्य आदि के प्रश्न भी स्त्रीवाद के विमर्श के रूप में प्रस्तुत किए गए है । बनारस की 'चुनमुन' का 'वनश्री', 'बांसुरी' तथा वाना तक का सफर एक कस्बाई परिवेश और मनोवृत्ति की लड़की की दुनिया के सबसे 'मांड' शहर की नागरिक के रूप में रूपांतरण वस्तुतः भूमंडलीय परिवेश में आदमी के धीरे-धीरे पूरी तरह ढल जाने की प्रतीति कराता है ।"[5] इस प्रकार कहा जा सकता है कि अमेरिका पहुँचकर भारतीयों को जो संघर्ष करना पड़ता है उसके चित्र बार-बार उपन्यास में आए हैं- "अकसर रात को दो-तीन प्राणी अपने-अपने बैग मेंपटे सोये हुए है । सुबह किसका चेहरा नजर आएगा, यह उसे नहीं मालूम होता। उसे यह भी मालूम नहीं होता कि एक विद्यार्थी की छात्रवृत्ति में इतने लोग कैसे गुजर कर लेते हैं । शायद सप्तांत में सेल पर बिकती हुई गाजर और अन्य सब्जियों पर ।"[6] वाना और राहुल की प्रेम-कथा के माध्यम से उपन्यास उस देश और समाज में आ बसे भारतीयों की कथा बनती हैं, जहाँ अधिक से अधिक मेहनत करके अधिक से अधिक धन कमाना जीवन है । यह जीवन मंत्र वैश्वीकरण का एक प्रखर प्रकल्प है ।

निष्कर्ष-

निष्कर्षतः हिंदी उपन्यासों में 'सांस्कृतिक द्वंद्व को परंपरागत रूप से बदलते हुए मूल्यों के स्थान पर नवीन चेतना के विकास के रूप में देखा जा सकता है। हिंदी उपन्यास आज अपनी समृद्धि के बल पर वैश्विक स्तर पर अपनी पहचान कायम कर चुका है। संसार में आज जिस प्रकार अनुभव जगत का विस्तार हुआ सूचना और प्रौद्योगिकी के क्षेत्र में जिस रूप में एक क्रांति हुई है उससे उपन्यास का कथा-फलक बहुत व्यापक हुआ है। स्वातंत्र्योत्तर उपन्यासों के उपन्यासकारों ने सांस्कृतिक द्वंद्व को कई स्तरों पर देखा है। इस काल के उपन्यासकारों ने ईमानदारी के साथ पात्रों के वैचारिक उतार चढ़ाव उनके बाह्य द्वंद्व व अंतरद्वंद्व को निरूपित किया है। समकालीन समय में स्त्री ने स्वयं को पहचान कर अपने प्रति हो रहे अत्याचार के खिलाफ़ प्रत्यक्ष व परोक्ष रूप में विद्रोह किया। परंपरागत मर्यादा, व्यवहार, स्थिति व स्त्री की अंतर्व्यथा का एक नवीन रूप से चित्रण किया। अतः समकालीन उपन्यासकारों ने अपने उपन्यासों के माध्यम से परंपरागत रूढ़िगत मूल्यों के स्थान पर नवीन मूल्यों को ग्रहण किया।

संपर्क सूत्र-

ए. चैतन्या
पीएच.डी. शोधार्थी,
उच्च शिक्षा और शोध संस्थान,
दक्षिण भारत हिंदी प्रचार सभा
खैरताबाद, हैदराबाद- ५०० ००४

[1] वर्मा, निर्मल- वे दिन, पृ.सं.- १३६.

[2] वर्मा, निर्मल- वे दिन, पृ.सं.- ६५.

[3] उषा प्रियंवदा- रूकोगी नहीं राधिका, पृ.सं.- १०४.

[4] अब्दुल जलील- समकालीन हिंदी उपन्यासः समय और संवेदना, पृ.सं.- २३६.

[5] पुष्पपाल सिंह- भूमंडलीकरण और हिंदी उपन्यास, पृ.सं.- १५२.

[6] उषा प्रियंवदा- शेषयात्रा, पृ.सं.- ३१.

18

राजनैतिक प्रदूषण और कवियों का कोप

डॉ. ललित कुमार

सदैव से ही 'राजनीति' शब्द सुनते ही मन-मस्तिष्क में नकारात्मक बोध उत्पन्न होता है। चाणक्य (विष्णुगुप्त, कौटिल्य) ने 'अर्थशास्त्र' पुस्तक में राजनीति के घृणित, पतित, अति स्वार्थी और हिंसक रूप का जो वर्णन किया और उसे प्रसंग तथा व्यवहार के अनुसार उपयोगी बनाए रखने की धारणाएँ व तर्क प्रस्तुत किये उससे 'राजनीति' को प्रायः अशुचित और कुत्सित विषय ही माना गया। अतीत से लेकर वर्तमान तक ये धारणा ज्यों की त्यों ही रही। राजनैतिक क्षेत्र के लोगों ने इस धारणा को और भी अधिक बल प्रदान किया।

राजदरबारों से लेकर आधुनिक युग की सरकारी-प्रशासनिक राजनीति और इसके इतर हर क्षेत्र में व्याप्त राजनैतिक व्यवहार ने आदमी को खुद से ही विरक्त कर दिया है, उसे अविश्वासी, अधीर और अटपटे-व्यवहार वाला बना दिया है। यदि आधुनिक कवियों की दृष्टि से राजनीति की समीक्षा की जाए तो शिकायतों, उलाहनों और आरोपों का पीप-सा फूटता नजर आएगा। राजनीति का व्यवहार रखने वाले लोगों पर टिप्पणी करते हुए नागार्जुन नेलिखा है -

"सत्य को लकवा मार गया है
गले से ऊपरवाली मशीनरी पूरी तरह बेकार हो गई है
सोचना बंद
समझना बंद
याद करना बंद

दिमाग की रगों में जरा भी हरकत नहीं होती
सत्य को लकवा मार गया है ।"[1]

राजनेताओं की लम्पटता, बेशर्मी, निकृष्टता और स्वार्थदिप्सा का अतिरंजित रूप देखकर साधारण जनता में राजनेताओं और राजनीति के प्रति घोर घृणा और पलायन की प्रवृत्ति विकसित होती गई है । आधुनिक युग के कवियों में राजनीतिक निकृष्टताओं के प्रति घोर बारूदी विरोध दिखाई देता है । दुष्यन्त कुमार जैसे कवियों ने तो राजनेताओं को खुलेआम कठघरे में खड़ा कर डाला है । वे भ्रष्ट और पतित राजनेताओं के खिलाफ जैसे जनता को भड़काते हैं -

"वे सहारे भी नहीं अब, जंग लड़नी है तुझे,
कट चुके जो हाथ, उन हाथों में तलवार न देख ।
राख, कितनी राख है, चारों तरफ बिखरी हुई,
राख में चिनगारियाँ ही देख, अंगारे न देख ॥"[2]

शमशेर बहादुर, कुंवर नारायण, नागार्जुन, चन्द्रकान्त देवताले, सुदामा पांडेय 'धूमिल' आदि कवि राजनीति के विकृत रूख की खुल कर बखिया उधेड़ते हैं और उग्र तरीके से राजनैतिक समस्याओं की समाप्ति और नियंत्रण पर जोर देते हैं । राजनीति हर आदमी के व्यवहार में, उसके सामाजिक सांस्कृतिक-धार्मिक-आर्थिक और शैक्षिक बोध तक में किस कदर प्रवेश कर गई है इसे भी कवियों ने साफगोई और प्रभावशाली तरीके से अभिव्यक्त किया है । केदारनाथ सिंह की कविता 'हाकर' इसका ज्वलंत प्रमाण है -

"इस शहर में
हर आदमी छिपा रहा है
अपनी प्रेमिका का नाम
सिवा उस हाकर के
जो सड़क पर चिल्ला रहा है
वियतनाम! वियतनाम!"[3]

आधुनिक काल में आदमी का मनोविज्ञान मोटे तौर पर राजनैतिक भावनाओं, जुगुप्साओं, षड़यंत्रों, अविश्वास, अरूचि और आपाधापी में उलझा हुआ सा प्रतीत होता है । आदमी हर तरीके से अपनी बात सिद्ध करना चाहता है, लक्ष पाना चाहता है, उसे नैतिक-अनैतिक का फर्क करने की फुर्सत नहीं है और ना ही वो ऐसी फुर्सत निकालना चाहता है...वो दौर जैसे खत्म सा हो गया है जब आदमी नैतिकता, शुचिता,लिहाज, सामाजिकता और मानवीयता जैसे तत्वों पर विचार कराया करता था । राजनीति के कुत्सित व्यवहार ने उसके जीवन और संबंधों को जैसे कोलतार

की तरह चिपका कर रख दिया है । कदाचित सरकारी, तंत्रगत और प्रशासनिक राजनीति के घृणित और अति महत्वाकांक्षी स्वार्थी रूप ने उसे भी देखा-देखी ऐसा करना सिखा डाला है ।

महात्मा गाँधी के दौर की राजनीति के मूल्य लगभग समाप्त हो चले हैं और उनका नाम तथा विचार जैसे रस्म अदायगी भर बाकी रह गये है । डेविड रे की कविता 'गाँधी की प्रतिमा' इसी तथ्य की पुष्टि करती है -

"व्यक्तियों को
सम्मान देने के दिखावटी ढंग में
हम उन्हें उनकी प्रतिच्छाया बना देते हैं
उनके बहुत बाँने
आत्म-चरित!"[4]

निराशा, छटपटाहट और पलायन जैसे भावों से ग्रसित कवि मनोविज्ञान अंततः राजनीति के प्रति कोप धारण कर लेता है और 'चौराहे पर फैसले' की मुद्रा अपनाकर काव्य सृजन होने लगता है ।... शमशेर बहादुर जहाँ राजनीति को चुनौती देते दिखते हैं वहीं धूमिल ने विशेषकर भारतीय राजनीति और उसके स्वातंत्र्योत्तर रूप को जी-भरकर गायाया-दुत्कारा और ठोका-पीटा है । राजनीति को लेकर धूमिल द्वारा लिखी गयी कविताएँ जैसे भारतवर्ष के भ्रष्ट और पतित नेताओं को गली-मोहल्ले में बाँहें चढ़ाकर चुनौती देने और फटकारने की कविताएँ हैं । 'भाषा की रात' कविता में धूमिल कहते हैं -

"भाषा उस तिकड़मी दरिन्दे का कौर है
जो सड़क पर और है
संसद में और है
इसाये बाहर आ!
संसद के अंधेरे से निकलकर
सड़क पर आ ।"[5]

राजेश जोशी की कविता रैली में स्त्रियाँ, श्रीकांत वर्मा कृत 'भद्रवंश का प्रेत', धूमिल कृत 'शहर से सूर्यास्त', भवानी प्रसाद मिश्र कृत 'मेरे नेता', अज्ञेय कृत - 'हमारा देश', श्रीकांत वर्मा कृत 'चेकोस्लोवाकिया', नागार्जुन कृत 'तीनों बंदर बापू के', दुष्यन्त कुमार वर्मा कृत 'देश-प्रेम' आदि कविताएँ राजनीति और राजनैतिक वर्ग के आचरण को अलग-अलग ढंग से अभिव्यक्त करने और उसकी आलोचनात्मक परिपाटी की विभिन्नता के वैशिष्ट्य की कविताएँ हैं । दुष्यन्त कुमार की कविता 'देशप्रेम' झूठे राष्ट्रवाद और फर्जी लोककल्याण की नेतागिरी

को नंगा करने वाली कविता है-

"कोई नहीं देता साथ,
सभी लोग युद्ध और देशप्रेम की बातें करते हैं।
बड़े-बड़े नारे लगाते हैं।
मुझसे बोला भी नहीं जाता।
जब लोग घंटों राष्ट्र के नाम पर आंसू बहाते हैं
भाषणों से भरी सभाओं
और प्रदर्शन की भारी भीड़ों में
लगता है कि मैं ही हूँ एक मूर्ख...।"[6]

दुष्यन्त कुमार ने 'साये में धूप' रचना में जिस तरह राजनीति की वैचारिक चीर-फाड़ की है उससे आम-पाठक कदाचित इसलिए प्रभावित होता है कि वो अन्तर्मन की गहराई तक राजनीति और उसके वाहकों-संवाहकों से घृणा करने लगा है। राजनीति के प्रति कोप दिखाने वाले बाकी कवियों के प्रति भी मोटे तौर पर साधारण आदमी यही सोच रखने लगा है। आधुनिक कवियों ने जनता की नाराजगी की आग को ही अपनी लेखनी के माध्यम से अभिव्यक्त किया है। कवि जनता की आवाज बनकर उतरे हैं। सरकारी बजट का अधिकांश भाग नेताओं और प्रशासकों-नौकरशाहों की भेंट चढ़ जाता है और विकास के नाम पर दोयम दर्जे का सामान, संसाधन और निर्माण जनता के हिस्से आते हैं। वर्तमान में भ्रष्टाचार ना करने वाले ईमानदार नेताओं और नौकरशाहों की संख्या नगण्य सी है और भ्रष्टाचार को 'व्यवस्था' तथा 'रिवाज' मानाया गया है। जनता तकलीफों और परेशानियों से कराहती-घुटती रहती है और सत्ताधीशों को राजनैतिक रसूखदारों को कोई फर्क नहीं पड़ता है। कवि ऐसी स्थितियों पर आश्चर्य ना जताकर निर्मम आलोचना करते दिखते हैं। कुमार विश्वास की कविता 'शांत रहो' राजनीति के स्याह और क्रूर चेहरे का बयान करती है -

"संविधान से सत्ता बोली
हुकुम-उदूली जारी है
कहा न्याय ने निर्दोषों से
सच कहना बीमारी है
खेतों से पटवारी बोला
श्रम पर स्याही भारी है
खेतों से कालोनी बोली
हर कब्जा अनुशासन है

मतदाता से कहा भूख ने
लोकतंत्र ही राशन है ।"[7]

आजादी के बाद नेताओं ने जनता को अथाह चमकीले सपने दिखाए लेकिन विडंबना यही रही कि नेता वर्ग धनाढ्य होता गया, ताकतवर होता गया और एक नये सामंत वर्ग के रूप में उसका विकास होने लगा जो जनता को 'लोकतांत्रिक' तरीके से ठगने-लूटने और दबाने लगा ।

सर्वेश्वर दयाल सक्सेना की कविता 'काफी हाऊस में एक मेलो ड्रामा' राजनीति के पतित और रसातल में जाते स्वरूप पर सवाल खड़े करने वाली कविता है । रघुवीर सहाय की कविता सीढ़ियों पर धूप में लोकतंत्र की विडंबनाएँ, विरोधाभास और साधारण लोगों के तार-तार होते राजनैतिक विश्वासों का बयान है । रघुवीर सहाय की कविता 'हँसो-हँसो जल्दी हँसो' आपातकाल की राजनैतिक कर-गुजारियों का वैचारिक ढेर पाठकों के सामने रख देती है । धूमिल कृत 'इस व्यवस्था में' कविता भारतीय राजनीति के समूचे दूषित रूपों का प्रकटीकरण करती दिखाई देती है ।

विनोद कुमार शुक्ल जैसे कवि के संबंध में बच्चन सिंह की टिप्पणी है कि "उनकी रचनाएँ एक ऐसे जनतंत्र की देन हैं जहाँ लोग एक-दूसरे से परिचित होकर भी अपरिचित है, व्यक्ति-व्यक्ति के बीच विश्वनीय संप्रेषण की कमी है ।"[8]

आधुनिक कवि समाज की विद्रुपताओं और राजनीति से उसके त्वरित प्रभावित हो जाने के कारण अनमनाहट और अधीरता की स्थिति में आते दिखते हैं । उनमें राजनीति के भयंकर गरलकारी रूप को देखकर कोप के साथ कभी-कभी आतंक-सा भी नजर आता है । बच्चन सिंह कहते हैं- "आतंक चाहे जीवन में हो या कविता में, अनर्थकारी होता है ।"[9]

सोहनलाल द्विवेदी कृत 'युगावतार' और सुभद्रा कुमारी चौहान कृत 'लोहे को पानी कर देना !' जैसी कविताएँ स्पष्ट तौर पर राजनीति के कुत्सित रूप को परिवर्तित करने पर जोर देने वाली कविताएँ हैं ।

निराला की नाराजगी के बाद जो तल्खी धूमिल और जगूड़ी जैसे कवियों में नजर आती है वो आगे चलकर दुष्यंत कुमार और राजेश जोशी जैसे कवियों में और कोपकारी होती जाती है । १९८० के बाद के तमाम कवि राजनीति से घोर निराशा और नाराजगी रखते हैं ।

अधिकांश कवि सभ्यता और वैचारिक कलफ का मुलम्मा उतारकर खुली भाषा में कर्कश-सपाट तरीके से राजनेताओं को फटकारते दिखाई देते हैं ।

पिछले २०-२५ वर्षों में राजनीति के पराभव को लेकर कवियों में कोप के साथ-साथ घोर निराशा और पलायन का स्वर उभरता दिखाई देता है। ऐसा लगता है कि राजनीति की हेय दशाओं ने कवियों में व्यवस्था और तंत्र के प्रति गहराई तक अनास्था और अविश्वास भर दिया है... गाँधी और बुद्ध के विचारों को जैसे अप्रासंगिक-सा मानाया गया है और नये कोपकारी चरित्रों के प्रति समर्थन का भाव पैदा होने लगा है। बाल शोषण, बेरोजगारी, महिला उत्पीड़न, आर्थिक विकास, शिक्षा और स्वास्थ्य आदि जैसे मुद्दों को जैसे राजनीति में किनारे ठेल दिया गया है और जनता की भावनाओं को भड़काकर जाति, वर्ग, धर्म, सम्प्रदाय आदि पर आधारित अतिरेकी भावनाओं की राजनीति का दौर चल पड़ा है। राष्ट्रवाद के अतिवादी और 'प्रायोजित राजनैतिक रूप से नेताओं को तो फायदा हो रहा है लेकिन देश में अविश्वास, अराजकता और अनीति तथा असहयोग और असमन्वय का वातावरण बनता जा रहा है।

ऐसा लगता है कि कवियों और जनसाधारण ने राजनेताओं को उनके हाल पर छोड़ दिया है और केवल व्यवस्था के प्रति अपनी अतिरंजित कोप भावना का विस्फोट कर कवि चुप-सा हो जाता है। अशोक चक्रधर की कविता 'तीसरी कुर्सी' नेताओं की पदलोलुपता और अतिशय स्वार्थ पर तीखा कटाक्ष करती है -

"कुर्सियों से नहीं
कुर्सियों के लिए होती है लड़ाई।
जो एक बार कुर्सी पा जाता है
बड़ी जल्दी ताव खा जाता है
कुर्सी से अलग नहीं हो पाता
उसी में समा जाता है।"[10]

यही सच्चाई है कि नेता किसी भी तरह अपनी कुर्सी, सत्ता और लाभ छोड़ना नहीं चाहते और जनकल्याण तथा विकास जैसे शब्द एक जुमला बनकर रह गए हैं।

राजनेताओं ने जिस तरह निरीह और मासूम जनता को अकेला और असुरक्षित छोड़ दिया है उससे उपजने वाले हालातों को लीलाधर मंडलोई ने इन शब्दों में अभिव्यक्त किया है -

"१५ अगस्त हो या २६ जनवरी या कि पर्व-त्योहार
बाजार में सौदा-सुलुफ से अधिक ध्यान पत्नी पर
चाहता हूँ रिवाल्वर के साथ निकलूं बाहर, जो मुहैया नहीं
आतंक के इस दौर में, मैं प्यार करना चाहता हूँ

हर उस मलाला को जो जीने की जद्दो जेहद में है
प्रेम करने या किसी के साथ खड़े होने पर
कोई न कोई रोज दुनिया में बिलावजह मार दिया जाता है।"[11]

वास्तव में राजनेताओं ने अपना वजूद खो दिया है और जनता उनके रहते असुरक्षित एवं अविश्वास की स्थिति में जीने को अभिशप्त है, कवि जनता की इसी पीड़ा को कोपकारी तरीके से आक्रामक अभिव्यक्ति देते रहे हैं जिससे तंत्र और व्यवस्था में परिवर्तन आए और जनता तथा देश का कल्याण सही अर्थों में संभव हो सके।

संदर्भग्रंथसूची

१. सत्य - नागार्जुन, प्रतिनिधि कविताएँ (नागार्जुन), राजकमल पैपर बैक्स, दिल्ली

२. साये में धूप - दुष्यन्त कुमार, राधाकृष्ण प्रकाशन, नई दिल्ली

३. हॉकर - केदारनाथ सिंह, प्रतिनिधि कविताएँ (केदारनाथ सिंह), राजकमल पैपर बैक्स, दिल्ली

४. गाँधी की प्रतिमा- डेविड रे (अनुवाद-रामानंद राठी), हिन्दी बुनियाद (द्वैमासिक पत्रिका), राजस्थान हिन्दी ग्रंथ अकादमी

५. भाषा की रात- सुदामा पांडेय धूमिल, आधुनिक काव्य संग्रह (संपादक-रामवीर सिंह), विश्वविद्यालय प्रकाशन, वाराणसी

६. देश-प्रेम-दुष्यन्त कुमार, जलते हुए वन का वंसत (दुष्यन्त कुमार), वाणी प्रकाशन, नई दिल्ली

७. शांत रहो- कुमार विश्वास, इंडिया टुडे (साहित्य वार्षिकी २०१७),

८. हिन्दी साहित्य का दूसरा इतिहास- बच्चन सिंह, राधाकृष्ण प्रकाशन, नई दिल्ली

९. हिन्दी साहित्य का दूसरा इतिहास- बच्चन सिंह, राधाकृष्ण प्रकाशन, नई दिल्ली

१०. तीसरी कुर्सी- अशोक चक्रधर (अपनी कविताओं में अशोक चक्रधर- डॉ. दीपा के.) डायमंड पाकेट बुक्स, नई दिल्ली

११. युद्धस्थल में निहत्था- लीलाधर मंडलोई (भीजैदास कबीर - लीलाधरमंडलोई), वाणी प्रकाशन, नई दिल्ली

संपर्क सूत्र-

डॉ. ललित कुमार

सहायक आचार्य(हिन्दी)
वी.वी. राजकीय स्नातकोत्तर महाविद्यालय
जालोर (राजस्थान)

[1] नागार्जुन, प्रतिनिधि कविताएँ (नागार्जुन), पृष्ठ ११५

[2] दुष्यन्त कुमार, साये में धूप - पृष्ठ ३१

[3]सिंह, केदारनाथ- प्रतिनिधि कविताएँ (केदारनाथ सिंह), पृष्ठ ८७

[4] डेविड रे (अनुवाद-रामानंद राठी), गाँधी की प्रतिमा - हिन्दी बुनियाद (द्वैमासिक पत्रिका), पृष्ठ ६३

[5] सुदामा पांडेय धूमिल, आधुनिक काव्य संग्रह (संपादक-रामवीर सिंह), पृष्ठ २८९

[6] दुष्यन्त कुमार, देश-प्रेम, पृष्ठ ४९

[7] कुमार विश्वास, शांत रहो - इंडिया टुडे (साहित्य वार्षिकी २०१७), पृष्ठ १७६

[8] बच्चन सिंह, हिन्दी साहित्य का दूसरा इतिहास- पृष्ठ ४५४

[9] बच्चन सिंह, हिन्दी साहित्य का दूसरा इतिहास- पृष्ठ ४४३

[10] अशोक चक्रधर, तीसरी कुर्सी- पृष्ठ ९४,

[11] लीलाधर मंडलोई, युद्धस्थल में निहत्था- पृष्ठ ६३

19

किन्नर जीवन : संघर्ष और समस्याएँ

सोलंकी धरनी वी.

भूमिका

भारतवर्ष अनेकता को एकता सूत्र में बाँधने वाला वह राष्ट्र है जहाँ भाँति-भाँति की वेशभूषा, धर्म, जाति, भाषा, संप्रदाय, संस्कृति, साहित्य, खान-पान, रीति-रिवाज एवं रंग-रूप के व्यक्ति एक साथ मिलकर रहते हैं जैसे एक पुष्पमाला में भीन्न-भिन्न रूप-रंग, खूशबु, आकार आदि से समाहित पुष्प अपनी आभालिये गुथे होते है । भारत जैसे विशाल देश में जहाँ 'वसुधैव कुटुंबकम्' जैसी सार्थकता हमें दृष्टव्य होती है वहीं कुछ ऐसीं विसंगतियाँ एवं विषमताएँ भी है जो इसकी एकता को समय-समय पर ठेस पहुँचाने का कार्य करती है जैसे भारतीय समाज के विभिन्न समुदायों में समय-समय पर विभाजन की समस्या का उठ खड़े होना । विभाजन का आधार कभी जन्म, कभी जाति, कभी वर्ण कभी रंग-रूप तो कभी धर्म को बताया गया जिसके आधार पर मानव ने उनके कार्यो को भी निर्धारित किया गया तथा मानव-मानव में भेद उत्पन्न कर दिया गया । एक मानव जहाँ श्रेष्ठ जाति व कुल मे उत्पन्न होकर श्रेष्ठ व उच्च माना जाने लगा वहीं दूसरा व्यक्ति निम्न जाति व कुल में उत्पन्न होने के कारण निम्न व हेय दृष्टि से देखा जाने लगा दिया गया जिससे वे एक हाशिए पर उपस्थित व समुदाय बन गया जिसका समाज में न कोई आदर था न सम्मान । वे समुदाय जिन्हें हाशिए पर रखा गया उन समुदायों में प्रमुख रूप से दलित संप्रदाय, स्त्री संप्रदाय एवं आदिवासी संप्रदाय आदि देखे जा सकते है परंतु इन संप्रदायों से भी अधिक दयनीय अवस्था की यदि

बात की जाए तो हमारे सम्मुख एक ऐसा संप्रदाय उपस्थित हो जाता है जिसकी स्थिति अत्यंत विचारनीय एवं हृदय विदारक है वो समुदाय है किन्नर समुदाय जिसे हिजड़ा समुदाय की संज्ञा प्रदान की जाती है।

किन्नर समुदाय को भिन्न-भिन्न क्षेत्रों में भिन्न-भिन्न संज्ञाओं द्वारा अभिहित किया जाता है जैसे हिंदी भाषा भाषी इन्हें किन्नर, द्विलिंगी एवं तृतीय प्रकृति की उपमा प्रदान करते हैं वैसे ही उर्दू मे इन्हे हिजड़ा, ख्वाजासरा, जनखा, नामर्द तथा खोजा, गुजराती में यवैया, मराठी में छक्का, पंजाबी में खुसरा, कन्नड में जोगप्पा, तेलुगू भाषा में इन्हें मादा, कोज्जा, नपुंसकुडू, तमिल भाषा में पेड़ी, शिरूरनानगाई, अरवन्नी, अरूवनी, अली अरावनी, ओम्बुडु, थिरूनंगई, ओम्बोधु, संस्कृत में नपुंसक, क्लीव, तृतीय प्रकृति एवं अंग्रेजी भाषा में युनक, न्यूट्रल जेंडर, टी.जी. समुदाय, ट्रांस जेंडर तथा जेंडर के नामों से पुकारा जाता हैं।

नालंदा विशाल शब्दसागर में भी तथाकथित समुदाय के लिए दो शब्दों का प्रयोग हुआ है। इनमें पहला शब्द है- "किंपुरूष जिसका अर्थ दिया है- 'किन्नर, दोगला, वर्णसंकर और नीच।"[1] अर्थात ऐसा मनुष्य जो नीच या गिरा हुआ है, अपने दो अलग-अलग वर्णों द्वारा मिलकर बना है वह किंपुरूष है इस प्रकार नालंदा विशाल शब्दसागर द्वारा इस समुदाय के लिए अन्य शब्द 'किन्नर' प्रदान किया गया है। जिसका अर्थ है है- "एक प्रकार के देवता जिसका मुख घोड़े के समान बताया गया है। जाने-बजाने का पेशा करने वाली एक जाति।"[2]

मनुष्य एक सामाजिक प्राणी है, समाज से इतर मानव जीवन का कोई अस्तित्व रह ही नही जाता है। समाज मनुष्य को सुरक्षा व विकास हेतु गति प्रदान करने में सहायक सिद्ध होता है परंतु समाज के साथ-साथ समाज की इस अवधारणा में भी हमें परिवर्तन परिलक्षित होते हैं। जहाँ समाज में रहने वाला एक मनुष्य दूसरे प्र शासन व सत्ता स्थापित करने का विचार करने लगा तथा इस उद्देश्य की पूर्ति हेतु उसने कठोर से कठोर रास्ता अपनाया फलस्वरूप समाज निरंकुश शासक के समान व्यवहार करने लगा। यदि इस निरंकुशता का किसी व्यक्ति द्वारा विरोध किया जाता तो उसे बलपूर्वक दंड देकर दमनपूर्ण नीति द्वारा कुचल दिया जाता। समाज से इतर व्यक्ति के अस्तित्व को नकार दिया गया तथा समाज को भाषायी, जातिगत व लैंगिक आधार पर विभाजित कर दिया गया।

लैंगिक आधार पर प्रारंभ में दो रूपों में विभाजन किया गया स्त्री एवं पुरूष। पुरूष को प्रमुखता प्रदान करते हुए पितृसत्तात्मक प्रणाली प्रचात हुई तथा नर को स्वामी के रूप में प्रतिष्ठित किया गया। नर द्वारा नारी को सदैव निम्नतर

माना गया एवं उसे मात्र भोग की वस्तु के रूप में शोषित पात्र माना गया जिसे नर द्वारा तरह-तरह से प्रताड़ना का अधिकारी बनाया गया फिर वो प्रताड़ना शारीरिक, मानसिक जो भी हो नारी को झेलनी ही पड़ती थी जिसके लिए वह बाध्य थी तथा घर की चार दीवारी में घुट-घुटकर आश्रुपान कर जीवन यापन हेतु बेबस व लाचार थी।

लैंगिक विभाजन के आधार पर स्त्री के अतिरिक्त किन्नरों की दशा भी अत्यंत कष्टमय थी। जहाँ समाज द्वारा नर के लिए नारी को सृष्टि के निर्माण हेतु आवश्यक मानते हुए उसका अस्तित्व दबे स्वर में ग्रहण किया जाता था वहाँ किन्नर समुदाय की स्थिति विचारणीय एवं चिंताजनक थी।

किन्नर समुदाय को मनुष्य के रूप में समाज द्वारा स्वीकृति ही नहीं प्रदान की गई। उन्हे मानवोचित अधिकारों से अलग रखा गया। "परमपिता परमात्मा से भी उपेक्षित, शारीरिक विकलांगता से ग्रसित यह इंसान पुरूष और महिला वर्ग में न होने के कारण जानवरों से भी बदतर जीवन जीने के लिए मजबूर है। शायद यही एक वर्ग है जिसे परिवार से लेकर बाज़ार तक भी कार्य नहीं दिया जाता। पूरा समाज इन इंसानों का मज़ाक उड़ाता है वैसा जानवरों के साथ भी नहीं होता।"[3]

किन्नर समुदाय के जीवन की समस्याओं के विषय में कहें तो यह एक ऐसा समुदाय है जो जीवन यापन हेतु अनेक परेशानियों व विपत्तियों का सामना करते हुए अत्यंत कष्टमय जीवन यापन करते है। इस समुदाय को परिवार, समाज तथा अन्य समुदायों से अलग हाशिए पर रखा जाता है जिन्हें अनेक समस्याओं को झेलना पड़ता है इन समस्याओं में प्रमुख समस्याएँ इस प्रकार है-

आर्थिकसमस्याएँ-

समाज के परित्यक्त किन्नर समाज के सम्मुख जीवन यापन हेतु आर्थिक रूप से बहुत परेशानियाँ व समस्याएँ खड़ी होती है। यह समुदाय समाज में घर-घर भटककर बधाइयाँ गाकर, आशीर्वाद देकर प्राप्त हुए कुछ रूपये लेकर अपनी आवश्यक आवश्यकताओं की पूर्ति करते है। कह सकते है कि जीवनयापन हेतु ये भिक्षावृत्ति का मार्ग अपनाने को मजबूर होते है। आज भी समाज द्वारा इन्हें अच्छी दृष्टि से नहीं देखा जाता। घर में किसी शुभ अवसर के होने पर जब इनके आने का समय आता है तो गृहस्वामी जल्दी कुछ रूपये देकर इससे पिंड छुड़ाना चाहता है। आर्थिक रूप से इस समुदाय की स्थिति दयनीय है। इन्हें पैसे कमाने के लिए सड़कों पर, पार्कों, बसों, ट्रेनों, चौराहों, ट्राफिक सिग्नलों पर भीक माँगना पड़ता है। लोगों की नज़र में अब इनकी पहचान भिखारी की हो गई गई है।

पारिवारिकसमस्याएँ-

किन्नर समुदाय के अंतर्गत परिवार का सुख नहीं होता । इस समुदाय के अंतर्गत किन्नर का विवाह एक दिन का होता है और विवाह के अगले ही दिन उन्हें विधवा बनकर प्रलाप करना होता है जो कि अत्यंत कष्टदायक सामाजिक परंपरा मानी जाती है । किन्नर बालक के प्रति माता-पिता भले ही प्रेम रखते है परंतु अन्य भाई-बहन उसे वह दर्जा और प्रेम नहीं दे सकते जो उन्हें मिलना चाहिए । उपन्यास पोस्ट बाक्स नं. २०३ नालासोपाएआ में भी बिन्नी उर्फ विनोद के बड़े भाई सिद्धार्थ उर्फ मोटा भाई का व्यवहार भी विनोद के प्रति वैसा ही है । वह स्वयं विनोद से पीछा छुड़ाना चाहता है । माँ द्वारा विनोद का पक्ष लेने, किन्नरों को नहीं सौंपने पर वह अपनी माँ पर भी क्रोधित हो जाता है- "अपने दीकरे के लिए मैं प्राण दे दूँगी कहने पर सिद्धार्थ अपनी माँ पर बिफ़रते हुए कहता है- अपनी कोख से एक ही औलाद पैदा की है बा तूने? हमें कहीं से पड़ा उठा लाई है क्या तू...."[4]

इसी प्रकार 'मैं पायल मैं किन्नर उपन्यास के अंतर्गत लेखक महेंद्र भीष्म द्वारा किन्नर समुदाय को आधार बनाया गया जिसमें लखनऊ की किन्नर गुरु पायल सिंह के जीवन को उद्घाटित किया । उपन्यास के द्वारा बताया गया है कि किस प्रकार पायल को अपने पिता द्वारा शारीरिक यातनाएँ दी जाती थी- "नशे में पिता जी का चेहरा बीभत्स हो जाता, जो हाथ लगता उसी से पीटना शुरू कर देते थे तब तक जब तक वह टूट न जाए या स्वयं थक हार कर नशे की झौंक में लडखड़ा कर गिर ना जाएँ । मेरी तीनों बड़ी बहनों की यही कोशिश रहती थी कि मैं पिता जी या दाऊ बाबा के सामने न पडू । बहनें मुझे सजाती, सँवारती रहती थीं । मेरे बालों की चोटी गूँथकर उसमें फीता बाँध देती और फ्राक पहना देती ।"[5]

रोजगारकीसमस्या-

किन्नर समुदाय की एक मूलभूत सामाजिक समस्याओं में रोजगार की समस्या प्रमुख है । यह समुदाय विवाह शादियों से समाज में अपने अधिकार के लिए संघर्षरत है । किन्नर बच्चों को पैतृक संपत्ति से बेदखल कर दिया जाता है । दैनिक जीवन की तमाम आवश्यकताओं को पूरा करने के लिए इन्हें नाचने-गाने, ताली बजाने व भीख माँगने अथवा देह व्यापार जैसे घृणास्पद कार्य करने को मजबूर व बेबस होना पड़ता है । किन्नर समुदाय के अंतर्गत रहते हुए इन्हें अपनी कमाई का हिस्सा किन्नर समुदाय के गुरु अथवा सरदार हो देना पड़ता है व उसके आदेशों का पालन करने हेतु स्वीकृति देनी पड़ती है इससे इतर इनका कोई वजूद नहीं और न ही जीवनयापन का कोई अन्य मार्ग बचता है अतः स्वावलंबी व स्वाभिमानपूर्ण जीवन इनके लिए मात्र एक खुली आंखों से देखा जाने वाला स्वप्न मात्र बन जाता है तथा इसी असंतोष पूर्ण वातावरण में गुलामों जैसी जीवन पद्धती

को अपनाना इनका एक विवशता व मजबूरी का प्रमाण है ।

मानसिकसमस्याएँ-

समाज द्वारा किन्नर समुदाय को समय-समय पर मिलने वाली प्रताड़ना, लष्ट व अपमान उन्हें अनेक प्रकार से मानसिक रोगों से ग्रस्त एवं मानसिक विकृतियों का शिकार बना देते है जिसके कारण वे तनावग्रस्त व रक्तचाप संबंधित मानसिक समस्याओं से ग्रस्त हो जाते है । किन्नर समुदाय के प्रति समाज की असंवेदन शीलता को व्यक्त करते हुए लेखिका निर्मला भूराडिता ने 'गुलाम मंडी' के माध्यम से उद्घाटित करते हुए अंगूरी से कहलाया है- "लंगड़े-लूले को तो कोई नहीं दुत्कारता, अंधे-काने से तो कोई नफ़रत नहीं करता वैसे ही हमको खुदा ने बनाया है.... ।"[6] इस प्रकार का उपेक्षाभाव इस समुदाय को मानसिक यातनाएँ प्रदान कर इनके कष्ट रूपी जख्मों पर नमक लगाने के समान दर्द प्रदान करता है ।

सामाजिकसमस्याएँ-

लेखक मनोज रूपड़ा द्वारा रचित उपन्यास 'प्रति संसार' में भटकता हुआ आनंद जब एक गली में पहुँचता है, तब वहाँ की स्थिति से स्पष्ट होता है कि आनंद हिजड़ा है । "इसके अलावा गली में कुछ लंबी-चौड़ी, तगड़ी औरतें भी थी जो तालियाँ पीट-पीट कर पुरूषों जैसी मोटी आवाज़ में आते-जाते मर्दों को अपने पास बुला रही है तभी एक लंबे हिजड़े ने आनंद का हाथ पकड़कर कहा, मेरे बच्चे तू इधर-उधर मत भटक । तेरे को दुनिया में कहीं चैन नहीं मिलेगा । तू हमारी बिरादरी का है, हमारे साथ आ जा ।"[7]

किन्नर समुदाय अनुत्पादक और उत्पादक की साजिश में स्त्री बांझ के रूप में और किन्नर नपुंसक के रूप में सदैव समाज के द्वारा प्रताड़ित एवं अपमानित किये जाते रहे हैं । किन्नर समुदाय के नाम पर कोई मंदिर, बस्ती, मूर्ति या कब्रिस्तान हमें देखने को नहीं मिलते । १९९४ में मतदान का अधिकार मिलने के उपरांत समाज में इन्हें समान दर्जा नहीं मिल सका परंतु वर्ष २००९ में किन्नर समुदाय को पूर्ण रूप से स्वतंत्र श्रेणी का अधिकार प्राप्त होने से इनकी समस्याओं से कुछ निजात मिली ।

शारीरिक समस्याएँ-

उचित देखरेख व जीवन जीने की जद्दोजहद में अपने स्वास्थ्य की देखभाल इनके लिए एक चुनौती के समान है । मजबूरन देह व्यापार जैसे कुत्सित कार्यों को करने के कारण ये कई घातक बीमारियों के शिकार बन जाते है जिनमें से प्रमुख घातक बीमारी है एड्स । घातक रोग के शिकार होने पर ये दर्दनाक मौत मरने

को मजबूर होते है क्योंकि न तो इनके पास इतना धन होता है कि महँगे नीजि अस्पतालों में इलाज करा सके और न ही सरकारी अस्पतालों के पास इनके लिए उपलब्ध होती है सस्ती व समस्त सुविधाएँ

निष्कर्ष-

किन्नर समुदाय आज भी समाज से वह कटा हुआ समुदाय है जिसके प्रति समाज की मानसिकता वर्तमान समय तक अपरिपक्व तथा पूर्वाग्रह पूर्ण अवस्था में ही है। आज के बदलते समाज में हिंदी के साथ-साथ अन्य अनेक भाषाओं में किन्नर समुदाय को आधार बनाकर पाठक वर्ग व सरकार का ध्यान इनके जीवन के कष्ट, विपदाओं, विसंगतियों, परेशानियों, विपत्तियों व नरकीय जीवन यापन की समस्याओं की ओर आकृष्ट करने का पूरजोर प्रयास किया जा रहा है तथा इन्हें भी संविधान के द्वारा अधिकार प्रदान किये जाने का समर्थन हो रहा है अर्थात् भले ही समाज की वैचारिकी द्वारा अभी इन्हें स्वीकार करने में हिचकिचाहट है परंतु संविधान के द्वारा अधिकार प्राप्ति से इनके अंधकारपूर्ण जीवन में आशा की एक किरण प्रकाशमान होती दिखाई पड़ती है। हमें यह कदापि न भूलना चाहिए कि इन्हें भी उसी ईश्वर ने जीवन प्रदान किया है जो समस्त सृष्टि का सृजनहार है अतः शारीरिक विकलांगता के आधार पर इन्हें मानव न मानना मानव की भूल नहीं तो क्या है? संसार में समस्त मनुष्य जाति के समान ही इन्हें भी अधिकार है जीवन को स्वेच्छा से यापन करने का।

संदर्भग्रंथसूची-

१. (संपा.) नवल जी, नालंद विशाल शब्द सागर

२. सिंह, विजेंद्र प्रताप एवं गौड़ रवि कुमार- भारतीय साहित्य एवं समाज में तृतीयांगी विमर्श

३. मुद्गल, चित्रा- पोस्ट बाक्स नं. २०३ नालासोपारा

४. महेंद्र भीष्म- मैं पायल मैं किन्नर

५. भूराडिया, निर्मला- गुलाम मंडी

६. रूपड़ा, मनोज- प्रतिसंसार

संपर्कसूत्र-

सोलंकी धरनी वी,
पी-एच. डी. शोधार्थी,
हेमचंद्राचार्य उत्तर गुजरात विश्वविद्यालय पाटण, गुजरात
पिन- ३८४ २६५

[1] (संपा.) नवल जी, नालंद विशाल शब्द सागर, पृ.सं.- २३५

[2] (संपा.) नवल जी, नालंद विशाल शब्द सागर, पृ.सं.235-236

[3] सिंह, विजेंद्र प्रताप एवं गौड़ रवि कुमार- भारतीय साहित्य एवं समाज में तृतीयांगी विमर्श, पृ.सं.- १५४

[4] मुद्गल, चित्रा- पोस्ट बाक्स नं. २०३ नालासोपारा,

[5] महेंद्र भीष्म- मैं पायल मैं किन्नर, पृ.सं.- २२

[6] भूराडिया, निर्मला- गुलाम मंडी,

[7] रूपड़ा, मनोज- प्रतिसंसार, पृ.सं.- ४६-४७

20

भारतीय सिनेमा

डॉ. संतोष कांबले

साहित्य समाज का आईना है, तो सिनेमा समाज का चलता-फिरता आईना है। साहित्यकार अपने साहित्य के माध्यम से समाज में घटित या घट रही गतिविधियों का सटीक चित्रण करता है। यह साहित्य सिर्फ दृश्य रूप में होता है। ऐसे साहित्य को दृक्-श्रव्य माध्यम से दर्शकों के सामने लाने का कार्य सिनेमा करता है और सिनेमा एक अमिट छाप अपने दर्शकों के मन पर छोड़ता है। संक्षिप्त में हम ऐसा कह सकते हैं कि सिनेमा दृक्-श्रव्य माध्यम के द्वारा प्रदर्शित साहित्य ही है।

भारतीय सिनेमा के इतिहास की बात करें तो - १८९७ में प्रोफेसर स्टीवेंसन द्वारा एक फ़िल्म प्रस्तुति कलकत्ता स्टार थियेटर में एक स्टेज शो में की गयी जिसका नाम था 'द फ्लावर ऑफ़ पर्शिया' (१८९८) उसके एक साल बाद यानी १८९९ 'द रेस्लर्स' में एक कुश्ती मैच को दिखती है यह पहली भारतीय वृत्तचित्र फ़िल्म भी थी।

दादा साहेब तोरणे (आर. जी. तोर्णे) की 'पुंडलिक' एक मूक मराठी फ़िल्म है। यह पहली भारतीय फ़िल्म थी जो १८ मई १९१२ को 'कोरोनेशन सिनेमेटोग्राफ', मुंबई द्वारा भारत में रिलीज़ हुई। कुछ लोगों का मत है कि 'पुंडलिक' पहली भारतीय फ़िल्म के सम्मान की अधिकारी नहीं है, जिसके कई कारण है जैसे कि-

१ उनकी यह फ़िल्म एक लोकप्रिय मराठी नाटक की रिकार्डिंग मात्र थी।

२ इसका चलचित्रकार जानसन एक ब्रिटिश नागरिक था।

३ इस फ़िल्म की प्रोसेसिंग लंदन में हुई थी।

भारत की पहली पूरी अवधि की फीचर फ़िल्म का निर्माण दादासाहेब फाल्के द्वारा किया गया था। दादासाहेब फाल्के को भारतीय फ़िल्म उद्योग का जनक माना जाता है। वे भारतीय भाषाओं और संस्कृति के विद्वान थे। उन्होंने संस्कृत महाकाव्यों के तत्वों को आधार बनाकर 'राजा हरिश्चन्द्र' (१९१३) नामक मूक फ़िल्म का निर्माण किया। इस फ़िल्म में महिलाओं का किरदार भी पुरूषों द्वारा अभिनीत किया गया। यह फ़िल्म भारतीय सिनेमा के इतिहास में मील का पत्थर साबित हुई। इस फ़िल्म की सिर्फ एक ही प्रिंट बनायी गयी थी और इसे 'कोरोनेशन सिनेमेटोग्राफ' में ३ मई १९१३ को प्रदर्शित किया गया। फ़िल्म को अभूतपूर्व सफलता प्राप्त हुई और इसने अन्य फ़िल्मों के निर्माण हेतु नवीन अवसर प्रदान किये। १४ मार्च १९३१ को अर्देशिर ईरानी के नेतृत्व में पहली भारतीय बोलती फ़िल्म 'आलम आरा' रिलीज़ हुई। अर्देशिर ईरानी के द्वारा मात्र ७ माह के अंतराल पर ३१ अक्टूबर १९३१, को प्रथम दक्षिण भारतीय बोलती फ़िल्म 'कालिदास' के निर्माण में महत्त्वपूर्ण भूमिका अदा की गई, यह फ़िल्म तमिल भाषा में निर्मित थी जिसका निर्देशन एच. एम. रेड्डी द्वारा किया गया। इसी प्रकार अन्य भाषाओं में भी फ़िल्म निर्माण का कार्य प्रारंभ हुआ उदाहरण स्वरूप 'जुमई शास्ति' को प्रथम बंगाली बोलती फ़िल्म का दर्ज़ा प्राप्त हुआ। चित्तोर वी. नागया, पहले बहुभाषी फ़िल्म अभिनेता, गायक, संगीतकार निर्माता और निर्देशक थे। वे भारत के 'पॉल मुनि' के रूप में जाने जाते हैं।

इसके बाद भारतीय सिनेमा ने जो रफ़्तार पकड़ी उसका कोई जवाब ही नहीं। भारत में आज लगभग प्रत्येक भाषा में फ़िल्म निर्माण कार्य हो रहा है। प्रांत एवं भाषा के अनुरूप उनके भिन्न-भिन्न नाम हैं जैसे- बॉलीवुड, कॉलीवुड, टॉलीवुड, झॉलीवुड आदि।

व्यवसाय के परिप्रेक्ष्य में देखा जाए तो २१वीं सदी का भारतीय सिनेमा, संयुक्त राज्य अमेरिका के हॉलीवुड सिनेमा तथा चीनी फ़िल्म उद्योग के साथ मिल कर एक वैश्विक उद्योग के रूप में उभरा। वर्ष २०१३ में भारत द्वारा वार्षिक फ़िल्म निर्माण के क्षेत्र में प्रथम स्थान प्राप्त किया गया।

भारतीय परिप्रेक्ष्य में देखा जाए तो भारत एक बहुभाषिक तथा बहुसांस्कृतिक देश है और यहाँ अलग-अलग विषयों पर, मनोरंजनात्मक, सांस्कृतिक, धार्मिक तथा यथार्थवादी फ़िल्मों का निर्माण समय-समय पर होता रहा है। सिनेमा के गीत मधुर और मनमोहक होते हुए विभिन्न परिस्थितियों का वर्णन करते हैं। भारतीय सिनेमा द्वारा उक्त विषयों पर अधिकांशतः ध्यान केंद्रित किया जाता है।

प्रकृतिवर्णन-

भारतीय सिनेमा चाहे वह किसी भी भाषा में हो उसके अंतर्गत प्रकृति को महत्त्वपूर्ण स्थान प्रदान किया जाता है। प्रकृति के नाना रूपों को फ़िल्मों द्वारा विषयानुरूप दिखाया जाता है। उदाहरण स्वरूप- सुखद क्षणों में प्रकृति द्वारा सुख में वृद्धि का कार्य होता है वहीं दुखद क्षणों में प्रकृति द्वारा दुख की वृद्धि का कारण बनते देखा जा सकता है।

शिक्षाप्रदसिनेमा-

जिन फिल्मों को देखने से हमें नवीन ज्ञान की प्राप्ति होती है अर्थात् हमारी सोच में परिवर्तन आता है ऐसी फ़िल्में शिक्षाप्रद फ़िल्म मानी जाती हैं- जैसे- 'चक दे इंडिया', 'थ्री इडियट्स', 'तारे ज़मीन पर' आदि।

पुरानीसामाजिकपरंपराओंवमान्यताओंकोखंडितकरनेवालीफ़िल्में-

परिवर्तन प्रकृति का नियम है यह परिवर्तन प्रकृति के साथ-साथ समाज में भी अपेक्षित है। पुरानी मान्यताओं तथा सामाजिक रूढ़ियों के अंदर समयानुसार तथा परिस्थिती अनुसार परिवर्तन करना न केवल समाज के लिए बल्कि देश के लिए हितकर सिद्ध होता है। इस परिवर्तन को लाने के लिए फ़िल्म अपनी महत्त्वपूर्ण भूमिका निभाती है। जैसे- बाल विवाह एवं विधवा विवाह को समयानुसार परिवर्तित करती फ़िल्म 'प्रेमरोग'। तथा अमीर खान द्वारा अभिनीत फ़िल्म 'दंगल' में उसका यह प्रमुख संवाद "म्हारी छोरी छोरों से कम से के?" यह हमारी पुरानी मान्यताओं जैसे महिलाओं का कुश्ती न लड़ना जैसी मान्यताओं का खंड़न करती हैं। ऐसी बहुत सी फ़िल्में हैं जो पुरानी रूढ़ियों तथा मान्यताओं का खंडन करती है जो सम-सामायिक परिप्रेक्ष्य में आवश्यक जान पड़ता है।

संबंधों के विघटन को दर्शाने वाला सिनेमा -

आज के समय में जैसे-जैसे औद्योगिकरण तथा नगरीकरण का विकास हुआ है उसके साथ-साथ संयुक्त परिवार का तथा रिश्ते-नातों का ह्रास भी हुआ है, इस विषय को सिनेमा जगत द्वारा विभिन्न फ़िल्मों के माध्यम से बखूबी दर्शाने का प्रयास किया गया है। उदाहरण स्वरूप 'बागबान', 'अवतार', 'दोस्ती' आदि फ़िल्में ।

रोमांसएवंप्रेमप्रसंगवालीफ़िल्में-

रोमांस भारतीय सिनेमा की आत्मा है। भारतीय परिप्रेक्ष्य में प्रेम का मानव जीवन में अत्यंत महत्व है। भारतीय सिनेमा जगत में रोमांस और प्रेम प्रसंग को बहुत ज्यादा महत्व दिया गया है। बहुत सारी फ़िल्में इस रोमांस एवं प्रेम को आधार बनाकर बनाई जा चुकी हैं तथा भविष्य में भी बनती रहेंगी।

पिछले दो दशकों में सिनेमा जगत के अंतर्गत बनने वाली फिल्मों में मुख्य रूप से नृत्य, कला, संगीत, संवाद, आदि विषयों पर विशेष ध्यान दिया गया। इसी दौर में निर्माता-निर्देशकों का एक ऐसा वर्ग उभरा है, जिनका उद्देश्य मनोरंजन के साथ-साथ सामाजिक रूप से ऐसे विविध विषयों को परदे पर दर्शाना रहा, जो दर्शकों को उद्वेलित कर सकें।

पुरस्कार

भारतीय सिनेमा में अभूतपूर्व योगदान देने वाले व्यक्तियों को चाहे वह अभिनेता, अभिनेत्री, गायक, संगीतकार, कथाकार आदि को भिन्न-भिन्न क्षेत्रों में उनके द्वारा किए गए सराहनीय कार्य हेतु पुरस्कार प्रदान कर सम्मानित किया जाता है। उदाहरण स्वरूप -

भारतीयअंतर्राष्ट्रीयफ़िल्मफेस्टिवल

भारतीय अंतर्राष्ट्रीय फ़िल्म फेस्टिवल की स्थापना १९५२ में हुई थी, तब से इस फ़िल्म फेस्टिवल का आयोजन प्रतिवर्ष गोवा में किया जाता है। इस फ़िल्म फेस्टिवल के द्वारा विश्व के सिनेमा जगत को अपनी फ़िल्म कला का प्रदर्शन करने के लिए मंच प्रदान किया जाता है।

राष्ट्रीयफ़िल्मपुरस्कार

राष्ट्रीय फ़िल्म पुरस्कार फ़िल्मों के क्षेत्र में दिये जाने वाले भारत के काफी पुराने पुरस्कारों में से एक है जो सन् १९५४ से दिया जा रहा है। यह पुरस्कार तीन खंडों मे प्रदान किया जाता है; फीचर फ़िल्म, गैर फीचर फ़िल्म और सिनेमा पर श्रेष्ठ लेखन हेतु।

फ़िल्मफेयरपुरस्कार

फ़िल्मफेयर पुरस्कार अंग्रेजी की फ़िल्मफ़ेयर पत्रिका द्वारा हिन्दी फ़िल्म के विभिन्न क्षेत्रों में सर्वश्रेष्ठ योगदान के लिए प्रतिवर्ष प्रदान किया जाता है। इसके अंतर्गत पुरस्कार वितरण का समारोह भारतीय सिनेमा के इतिहास की सबसे पुरानी और प्रमुख घटनाओं में से एक है। इसकी शुरुआत सबसे पहले १९५४ में हुई। उसी समय राष्ट्रीय फ़िल्म पुरस्कार की भी स्थापना हुई थी। पुरस्कार जनता के मत एवं ज्यूरी के सदस्यों के मत दोनों के आधार पर दिया जाता है।

दादासाहेबफाल्केपुरस्कार

दादासाहेब फाल्के पुरस्कार भारत सरकार की ओंर से दिया जाने वाला एक वार्षिक पुरस्कार है, जो किसी व्यक्ति विशेष को भारतीय सिनेमा में उसके आजीवन योगदान के लिए दिया जाता है। इस पुरस्कार का प्रारम्भ दादासाहेब फाल्के के जन्म शताब्दि वर्ष १९६९ से हुआ। उस वर्ष राष्ट्रीय फ़िल्म पुरस्कार के

लिए आयोजित १७वें समारोह में पहली बार यह सम्मान अभिनेत्री देविका रानी को प्रदान किया गया। तब से अब तक यह पुरस्कार लक्षित वर्ष के अंत में अथवा अगले वर्ष के आरम्भ में 'राष्ट्रीय फ़िल्म पुरस्कार' के लिए आयोजित समारोह में प्रदान किया जाता है।

भारत में जैसे सिनेमा के लिए अलग-अलग पुरस्कार दिये जाते हैं वैसे ही पुरस्कार अन्य देशों में दिये जाते हैं उसमें एक महत्वपूर्ण पुरस्कार है-

अकादेमीपुरस्कार

अमेरिका की अकादेमी ऑफ़ मोशन पिक्चर आर्ट्स एँड साइंसेज़ द्वारा प्रदत्त अकादेमी पुरस्कार है। इसे ऑस्कर पुरस्कार भी कहा जाता है। यह फ़िल्म व्यवसाय से जुड़े सर्वश्रेष्ठ निर्देशकों, कलाकारों, लेखकों व तकनीशियनों को दिया जाने वाला प्रतिष्ठित वार्षिक पुरस्कार है। इस अकादेमी पुरस्कार का प्रथम आयोजन १६ मई १९२९ को किया गया था।

पहली बार भारत की ओंर से सबसे पहले मेहबूब खान की फ़िल्म 'मदर इण्डिया' (१९५७) विदेशी भाषा की अंतिम पाँच फ़िल्मों में नामांकित हुई थी, किन्तु इसे ऑस्कर के अनुरूप नहीं समझा गया। दूसरी बार मीरा नायर की फ़िल्म 'सलाम बाम्बे' ऑस्कर की दौड़ में शामिल हुई, स्ट्रीट चिल्ड्रन्स पर आधारित यह फ़िल्म किसी भी विदेशी फ़िल्म से कम नहीं थी। इसके बावजूद जूरी ने इसे अवार्ड के योग्य नहीं समझा। तीसरी बार आमीर खान की 'लगान' को लेकर तो इतना जबरदस्त माहौल बना कि लगा कि हर हाल में इसे ऑस्कर मिलकर रहेगा, किन्तु यहाँ पर भी हमें नाउम्मीद ही होना पड़ा। भारतीय सिनेमा को 'गाँधी' में कास्ट्यूम डिजाइनिंग के लिए भानु अथैया को ऑस्कर मिला है। इसके अलावा वर्ष १९९२ में विश्व सिनेमा में अभूतपूर्व योगदान के लिए सत्यजीत रे को मानद ऑस्कर अवार्ड से अलंकृत किया गया था, वर्ष-२००९ भारतीय फ़िल्म उद्योग के लिए एक खुशखबरी लेकर आया, जब ब्रिटिश भारतीय फ़िल्म 'स्लम डाग मिलेनियर' के 'जय हो...' गीत के लिए गुलज़ार और संगीत के लिए ए. आर. रहमान को ऑस्कर पुरस्कार मिला। ए. आर. रहमान ऐसे पहले भारतीय हैं जिन्हें ब्रिटिश भारतीय फ़िल्म 'स्लम डाग मिलेनियर' में उनके संगीत के लिए तीन ऑस्कर नामांकन हासिल हुए थे। इसी फ़िल्म के 'गीत जय हो ....' के लिए सर्वश्रेष्ठ साउंडट्रैक कंपाइलेशन और सर्वश्रेष्ठ फ़िल्मी गीत की श्रेणी में दो ग्रैमी पुरस्कार मिले।

निष्कर्ष-

इस प्रकार हम कह सकते हैं कि भारतीय फ़िल्म जगत ने बहुत कम समय में अभूतपूर्व विकास किया है। सिनेमा द्वारा जहाँ राष्ट्रीय एकता में सहयोग प्राप्त

होता है वहीं विभिन्न राज्यों की लोक संस्कृति एवं वहाँ के रीति-रिवाज, खान-पान एवं तीज-त्योहारों का भी ज्ञान प्राप्त होता है। सिनेमा केवल मनोरंजन का सबसे अच्छा साधन ही नहीं है अपितु यह हमें ज्ञान प्रदान करने का महत्त्वपूर्ण साधन है। सामान्य जन सरलता से सिनेमा जगत से प्रभावित होते हैं तथा कुछ फ़िल्में उन्हें प्रेरणा भी प्रदान करती हैं जिससे उनके जीवन में बदलाव, आशा एवं उम्मीद की किरण जगमगाती है। वास्तव में हमारे सिनेमा जगत के द्वारा बहुत अच्छा कार्य संपन्न किया जा रहा है और हमें भी उसकी सराहना एवं सम्मान करना चाहिए।

संपर्कसूत्र-

डॉ. संतोषकांबले
पुस्तकालयाध्यक्ष, उच्च शिक्षा और शोध संस्थान,
दक्षिण भारत हिंदी प्रचार सभा

NOTION PRESS
India. Singapore. Malaysia.
Published by Notion Press 2022

Published by:
Notion Press Media Pvt Ltd,
No.50, Chettiyar Agaram Main Road,
Vanagaram, Chennai, Tamil Nadu 600095
Email ID: publis@notionpress.com
डॉ. संतोष कांबले
पुस्तकालयाध्यक्ष, उच्च शिक्षा और शोध संस्थान,
दक्षिण भारत हिंदी प्रचार सभा मद्रास
मोबाइल- 81259 81194
ई-मेल : shreyashju@yahoo.co.in
पूनम शर्मा
टी.जी.टी.- हिंदी,
बी.एम. गेंज गर्ल्स सीनियर सेकेंडरी स्कूल, दिल्ली
मूल्य- १५१/- रूपए,
प्रथम संस्करण : 2022
ISBN : 978-93-5620-657-1

www.ingramcontent.com/pod-product-compliance
Lightning Source LLC
LaVergne TN
LVHW040445051026
849517LV00002B/765
9798886840766